우리가 쫓는 러스티는 무엇일까

*Rusty : 그레이하운드 경주에서 개들이 열심히 쫓는 가짜 토끼

이보영 칼럼집

우리가 쫓는 러스티는 무엇일까

― 사라진 열정, 무뎌진 삶을 갈고닦다 ―

문예바다

들어가는 말

　교통을 인체에 비유하면 혈관이다. 피는 혈관을 통해 끊임없이 순환하면서 영양분과 노폐물을 운반하고 있다. 교통(땅길, 하늘길, 바닷길)은 사람과 물자物資를 필요한 곳에 반복적으로 운반해 주고 있다. 교통이 없는 토지(땅)란 그저 황무지일 뿐이다. 황무지는 전혀 쓸모없는 땅이다.
　길은 지구상에 인간이 생존한 때부터 궤를 같이한다. 인간이 군집群集하며 정착생활을 영위하면서 필요한 물자를 생산하기 위해 토지를 개간하고, 그 물자를 서로 교환, 전달하기 위해 토지에 길을 낸 것이 교통의 시초였다. 처음에는 몸(발)으로 전달하다가 수레(바퀴)를 사용했고, 점차 교통로의 확장과 발전을 거듭했다. 그다음엔 배로 바닷길을, 기차로 철도를, 자동차로 도로를, 비행기로 하늘길을 열었는데 이제 미래에는 '우주宇宙길'이 열릴 것이다.

　교통에 관련한 전반적인 지식을 배우는 학문을 '교통공학', 또는 '교통물류공학'이라 한다. 교통망, 교통수단, 교통환경, 교통산업, 교통정책, 교통정보, 교통용역 등이 교통공학에 포함된다.

교통학을 공부하고, 듕공사와 해운사에서 32년간 일하며 청·장년 시절을 보낸 나 자신이 즘 안다는 것이라곤 오직 '교통'뿐이다. 은퇴하고 자녀가 있는 미국으로 도미한 후, 시간이 무료해지자 배우고 체험했던 기억들을 더듬어 붓 가는 대로 써서 신문에 발표해 보았다.

생각보다 독자들의 반응이 좋아 보람을 느꼈다. 이들을 모아서 이미 2권의 칼럼집을 출간했다.

이번에 세 번째 칼럼집을 내려고 모아 둔 글들을 다시 읽으면서 마음속에 망설임이 번졌다. 세상은 나날이 변하고 발전하며, 교통상황도 엄청난 변화와 발전을 거듭하고 있다. 그런데 내가 배우고 경험한 내용들은 흘러간 물이 아닌가.

그러나 어제가 있었기어 오늘이 있고, 옛것이 있었기에 새것으로 발전했을 터, 문득 옛날에 배운 온고이지신溫故而知新, 고사故事가 생각난다.

내 삶의 흔적이니 마냥 지워 버리기엔 아깝고, 아직도 노장老壯 층에서는 신문에 실린 내 글(칼럼)에 대해 공감과 격려의 박수가 있기에……. 거기다가 책 묶기를 권하는 명진(이성숙 작가)께서 출판사(문예바다)까지 연결시켜 주어서 부끄러움을 누르고 용기를 내게 되었다. 명진 님은 미국에서 〈크리스천 헤럴드〉 편집장으로 일할 때 문학 활동을 함께했던 인연으로 이번에 큰 도움을 받게 된 것도 참 감사한 일이다. 예쁘고 멋진 책을 출간해 주신 '문예바다'의 사장님과 임직원들께도 깊이 감사드린다.

    글을 쓸 때마다 따끈한 커피로 성원해 주며, 문맥상에 적절한 용어를 골라 주던 인생의 동반자, 아내(영숙)에게 새삼 고마움을 느낀다.

    좀 더 욕심을 부린다면, 미국에서 태어나 성장하면서 밖에 나가서는 종일 영어를 사용하지만, 집에서는 가급적 어른들과 한국말을 즐기면서 한국 문화를 배우며 자라는 손녀(예진)와 손자(태환, 서진, 태현)들이 할아버지의 책을 재미있게 읽을 수 있기를 희망해 본다.

    내 인생이 하나님의 은혜로 여기까지 지내 왔음을 감사드리며, 또 남은 생애도 전적으로 하나님만 의지한다.

2025년 봄에 이보영

| 차례 | 우리가 쫓는 러스티는 무엇일까 |

들어가는 말 _ 4

제1부 ● 열린 광장

'누리달'에 드리는 기도 _ 12

이민자는 무엇으로 사는가 _ 16

돼지 허리에 묶인 밧줄 _ 20

다시 청백리가 보고 싶다 _ 24

'숨기는 자'와 '찾는 자'의 진실게임 _ 28

매듭 짓기와 매듭 풀기 _ 32

'친일한 자'가 '항일한 자'에게 상賞이라니 _ 36

누가 내 치즈를 옮겼을까 _ 40

고개를 낮추면 부딪칠 일도 없다 _ 44

'어부지리漁父之利'에서 얻는 교훈 _ 49

기교보다 기본이 먼저다 _ 53

진영논리 아닌 '바름'과 '그름'의 문제 _ 57

'얼굴값'을 치르며 사는 인생 _ 61

'나잇값'을 해야 어른이지 _ 64

더 높이 날아야 먼 곳을 볼 수 있다 _ 68

교통수단의 발달이 불러온 전염병 확산 _ 73

바다를 떠다니는 종합병원 _ 77

코로나 사태 이후 배송시스템의 변화 _ 81

대통령의 길 _ 85

현대판 토끼와 거북이 _ 89

절대권력은 절대적으로 타락한다 _ 93

제2부 ● 시사 평론

든사람, 난사람, 된사람, 쥔사람 _ 98

권력의 품격과 정권의 수준 _ 102

모빌리티Mobility 혁명의 미래 _ 106

화성은 제2의 지구촌이 될 수 있을까 _ 110

배의 일생 _ 114

아메리칸드림의 허상 _ 118

판옵티콘에 갇힌 현대인 _ 122

노동의 존엄성과 노동자의 가치 _ 126

코로나 사태의 진정한 영웅들 _ 130

위대한 인물들의 과오 _ 134

영원한 동맹은 가능한가 _ 138

'시간의 다리(Time Bridge)'를 건너며 _ 142

전쟁으로 막힌 '하늘길' _ 146

집에 어른이 안 계시면 빌려서라도 모셔라 _ 150

커피 한 잔의 여유 _ 154

이직률 낮추는 수평적 기업문화 _ 158

남은 인생, 무엇으로 채울까 _ 162

아직도 '우리의 소원은 통일'인가 _ 166

버리기엔 아까운 시간 _ 170

우리가 쫒는 '러스티(Rusty)'는 무엇일까 _ 174

제3부 ● 신호등

신호등은 보고 있다 _ 180

신호등 없는 미래의 도시로 _ 184

'파로스'와 '팔미도'의 등대 _ 188

사라지는 직업, 등대지기 _ 192

하늘의 교통경찰, 타워지기 _ 197

비행기는 왜 왼쪽 문으로만 탑승할까 _ 202

선박의 '평형수(Ballast Water)' 이야기 _ 207

날짜변경선에 얽힌 이야기 _ 211

인류에게 바닷길을 열어 준 '나침반' _ 216

바퀴를 왜 '타이어'라고 하는가 _ 221

늘 교통사고만 당하는 사람, '더미Dummy' _ 226

가장 흔한 자격증, '운전면허(Dreiver's License)' _ 231

'가스값'은 왜 오를까 _ 236

통학버스는 왜 노란색일까 _ 241

싸우지 않고 굴복시키는 길 _ 246

북한의 공항 인프라 실상 _ 251

북한의 잃어 가는 바다, 낙후된 항만 _ 256

공멸에서 상생으로 _ 261

마무리가 좋으면 과정도 미화된다 _ 266

통일의식과 통일 준비 _ 271

출발선에서 드리는 기도와 염원 _ 276

비 오는 날의 도우미, '와이퍼(Window Wiper)' _ 281

브레이크가 없는 배, 어떻게 정지할까 _ 286

북으로 가는 뱃길부터 복원했으면 _ 291

제 **1** 부

열린 광장

'누리달'에 드리는 기도

　세월의 속도는 점점 빨라지는데 계절의 변화는 점차 느려지는 것 같다. 푸른달(5월)도 거의 지났고, 누리달(6월)이 되었다. 우리 조상들은 5월을 '모든 식물이 푸르른 색깔과 소리를 내는 달'이라고 순수 우리말로 '푸른달'이라 불렀고, 6월은 '힘이 온 누리에 번지는 달'이라고 '누리달'이라 불렀다.

　고대 북아메리카 미시시피강을 중심으로 여러 인디언 종족들과 부족 연합을 이루었던 수우Sioux족은 5월과 6월을 '말이 털 가는 달'이라 불렀다. 수우족에겐 '말이 털 가는 달'이 되면 그들의 신에게 바쳤던 기도가 이루어진다고 지금까지 구전으로 전해 내려오고 있다.

　　바람 속에 당신의 목소리가 있고
　　당신의 숨결이 세상 만물에게 생명을 줍니다.

나는 당신의 많은 자식들 가운데

작고 힘없는 아이입니다.

내게 당신의 힘과 지혜를 주소서.

나로 하여금 아름다움 안에서 걷게 하시고

내 두 눈이 오래도록 석양을 바라볼 수 있게 하소서.

당신이 만든 물건들을 내 손이 존중하게 하시고

당신의 목소리를 들을 수 있도록 내 귀를 예민하게 하소서.

당신이 내 부족 사람들에게 가르쳐 준 것들을

나 또한 배우게 하시고

당신이 모든 나뭇잎, 모든 돌 틈에 감춰 둔 교훈들을

나 또한 배우게 하소서.

내 형제들보다 더 위대해지기 위해서가 아니라

가장 큰 적인 내 자신과 싸울 수 있도록

내게 힘을 주소서.

나로 하여금 깨끗한 손, 똑바른 눈으로

언제라도 당신에게 갈 수 있도록 준비시켜 주소서.

그래서 저 노을이 지듯이 내 목숨이 사라질 때

내 영혼이 부끄럼 없이 당신에게 갈 수 있게 하소서.

인디언 수우족이 5, 6월 '말이 털 가는 달'이 되면 그들 종족의 생존과 번영을 위해 기도를 올렸듯이, 우리도 '누리달'인 6월에는 민족의 화합과 통일을 위한 절절한 기도를 올려야 한다.

    1990년도 아카데미 영화상의 7개 부문을 휩쓸었던 〈늑대와의 춤을(Dances with wolves)〉 영화가 생각난다. 이 영화는 수우족이 살았던 다코타주(Dakotas State)에서 촬영되었고, 영화 속엔 수우족의 삶과 풍습, 언어가 많이 등장한다(따라서 영어 자막이 흐른다). 주인공 '존 던바' 중위는 대평원의 허름한 요새에서 홀로 경비 임무를 수행하던 중 그곳 원주민인 수우족을 만난다. 외롭던 그는 수우족과 친해지면서 그들의 삶에 깊숙이 빠져들었다. 그 과정에서 삶의 가치관에 갈등을 겪게 되고, 결국은 인디언을 몰아내야 할 임무에서 인디언을 보호하는 삶으로, '존 던바'에서 '늑대와의 춤을'이란 이름으로 그의 생애가 바뀌는 감동적인 영화였다.

    영화 속의 던바 중위는 요새 경비 임무 수행에 대한 기록과 자연 속에서의 일상을 일기로 남기기 시작한다. 그 일기에는 대자연 속에 깃든 평온과 아름다움을 발견한 순간들이 담겨 있다. 삶의 갈등을 향한 조용한 기도도 그 안에 들어 있는 듯하다.

    수우족이 그들 종족의 생존과 번영을 위해 기도를 올렸듯이, 우리도 민족의 화합과 통일을 위한 절절한 기도를 올려야 할 누리달을 맞이하고 있다.

미북정상회담이 남북정상회담처럼 온 누리에 감동을 주고 삼천리강산에 힘이 번지게 하소서

정상들 간에 맺은 약속들이 실천되고, 신뢰로 합력하여 선을 이루게 하소서

남과 북이 적敵이었으나, 이젠 진정한 친구로 통일의 디딤돌을 하나씩 놓게 하소서

아직도 보릿고개가 있는 북녘땅에 식량을 나누어 굶주림을 견하게 하소서

70년간 쌓인 이산가족의 쓰라린 고통을 헐고, 혈육과 고향을 찾아 그리움을 풀고 인정을 나누게 하소서

남북 간에 인도주의와 상호주의로 민족의 뿌리와 동질성을 하루속히 회복하게 하소서

기도란 '인간보다 능력이 뛰어난 절대자神에게 간구하는 소원'이다. 존 웨슬리 목사는 '기도는 하나님과의 깊은 사귐이다'라고 정의했다. 하나님의 응답과 섭리를 믿음으로 기대해 본다.

— 미주중앙일보 LA판, 2018. 6. 1

이민자는 무엇으로 사는가

어느 정신병원 의사가 입원한 중년부인을 치료하는 과정에서 이상한 현상을 발견했다. 그녀는 한쪽 손을 꽉 쥐고 있었는데 한사코 손을 펴 보이려 하지 않았다. 간호사들의 도움으로 강제로 그 여인의 손을 폈을 때, 그녀의 손에서 달그락 소리를 내며 마룻바닥에 떨어진 것은 새파랗게 녹이 슨 1센트짜리 동전 한 닢이었다. 아마도 이 동전 한 닢은 퍽 오래전부터 그녀의 손안에 쥐어져 있었던 것 같았다.

하잘것없는 동전 한 닢, 그것을 꽉 움켜쥐고 절대 놓치지 않으려는 이 모습이 어쩜 우리들의 모습이 아닌지!

사람은 무엇으로 사는가, 어떻게 하면 행복해질 수 있는가, 이 곤고한 세상살이에서 어떻게 살아야 잃어버린 나를 찾을 수 있을 것인가…

이 한 묶음의 원론적 질문은 우리 삶의 현장에서 날마다 부딪히는 과제이다.

이 답안의 소재를 두고 어떤 이는 매우 가까운 곳에 해답이 있다고 하고, 어떤 사람은 절대자의 가르침에서 그 해답을 얻으려 한다. 좀 배웠다는 지식인은 우리들 모두에게 적용되는 정답은 없으며 각기의 생애를 모두 마감하기 전에는 정답에 이르기 어려울 것이라고 지레 자포自暴하기도 한다.

'사람은 무엇으로 사는가' 이것은 인간의 영혼을 다루는 종교에서는 설교나 설법의 제목이 되고, 철학에서는 관념과 경험을 논하는 화두가 되며, 인문주의 문학에서는 휴머니즘 소설의 주제로 많이 사용되었다.

톨스토이는 그의 단편 「사람은 무엇으로 사는가」를 통해 사람은 외형적 물질이 아니라 '사랑하는 마음'으로 사는 것이며, 그것이 인간을 창조한 신의 뜻에 전적으로 부합하는 것이라고 했다.

도스토옙스키의 소설 『죄와 벌』은 사랑과 용서, 뉘우침과 관용 같은 미학을 통해 성경적 복음을 그려낸다. 신과 인간 사이의 고뇌, 불안, 죄악이라는 깊은 문제들을 심리적·사상적으로 파헤치며, 결국 '인생의 복음서'로 불리게 되었다.

헤세도 수도원의 꽉 짜인 틀 속에서 절제된 교과서적 학문의 삶을 살아온 지성적 사람과, 바람 따라 구름 흐르듯 자유분방한 삶을 통해 얻은 감성적 사람을 비교하면서 두 사람 모두 참다운 인간 삶에 필요충분조건임을, 그의 걸작 『지성과 사랑』을 통해 제시하고 있다. 지성

헤르만 헤세는 『지성과 사랑』에서 수도원의 꽉 짜인 틀 속에서 절제된 교과서적 학문의 삶을 살아온 지성적 사람과, 바람 따라 구름 흐르듯 자유분방한 삶을 통해 얻은 감성적 사람을 비교하면서 두 사람 모두 참다운 인간 삶에 필요충분조건임을 제시하고 있다. 지성이 질문이라면 사랑은 해답이다.

이 질문이라면 사랑은 해답이다.

요즘 들어 '이민자는 무엇으로 사는가' 하는 질문이 자주 떠 오른다.

종교의 자유를 찾아 영국을 떠나 미국 땅에 정착한 청교도 이민자들은 '기독교 신앙'이 그들 삶의 전부였다. 부富를 찾아 아메리카 대륙을 밟은 백인 이민자들에겐 '거대한 농토와 그 수확'이 그들 삶의 가치였다.

노예로 팔려 온 아프리카인들은 '자유와 평등이 보장된 인간적 대우'를 받는 것이 꿈이었다.

이민의 문이 확대된 20세기에 건너온 이민자들은 '아메리칸드림'을 이루는 것이 그들의 환상이며 목표였다.

불법체류자들에겐 영주권이나 시민권(합법신분증)을 취득하는 것이 급선적 목표일 것이다.

요즘 트럼프 행정부의 이민 정책은 많은 유색인종들에게 불안과 공포를 주고 있다.

이민자는 그리 녹록지 않은 환경에 늘 약자라는 불안 속에 눈치로 삶을 이어 간다. 의사소통도 자유롭지 못하고, 기국 사회의 시스템도 잘 모르고, 관광이나 여행 같은 문화생활은 엄두도 못 내고 그저 우직한 열정과 정직으로 여기까지 왔다. 어떤 면에선 돈보다 불안감을 떨치려고 더 열정적으로 일에만 집중했을 터이다 그렇게 살면서 내 집도 장만하고 자식들 공부도 시켰는데, 어느덧 나그네 인생의 황혼을 바라보게 되었다.

우리는 무엇으로 살아왔는가?

이 질문에 꽉 움켜쥐고 살았던 손을 이제는 펴서 보여 주자. 당당하게!

— 미주중앙일보 LA판, 2018. 8. 30

돼지 허리에 묶인 밧줄

조선시대의 원員님은 고을의 행정과 사법을 총괄하는 절대권력이었다. 그 원님 앞에 두 형제는 각각 두 손이 묶인 채 무릎을 꿇고 부들부들 떨고 있었다. 그 옆엔 네 다리가 꽁꽁 묶인 돼지 한 마리도 뉘여 있었다.

형제와 돼지를 잡아온 피해자는 원님께 큰 소리로 아뢴다.

"사또 나리, 이자들이 키우던 돼지가 우릿간을 부수고 나와 떠돌다가 저희 여물 끓이는 아궁이의 불짚을 흩어서 불이 삽시간에 번져 외양간과 건초더미가 몽땅 타 버렸습니다. 이놈들에겐 땡전 한푼도 없고 오직 돼지 한 마리밖에 없으니, 손해 변제로 저들을 3년간 우리 집 종으로 부리도록 허락해 주십시오."

원님은 두 형제에게 물었다.

"이 돼지가 너희들 것이냐?"

"예, 아버지가 새끼돼지 한 마리를 유산으로 남겼는데, 이놈이 크면서 힘이 세지니 우릿간을 부수고 나갔습니다."

동생이 눈물을 글썽이며 대답한다.

원님은 돼지를 내려다보다가,

"아니 저 돼지 허리에 묶인 밧줄은 웬 것인고?"

"우리 형제가 돼지를 키우면서 서로 싸우지 말라고 이 아저씨가 밧줄을 묶어 주셨습니다."

이번에도 동생이 대답한다.

원님은 의아한 표정으로 피해자를 보면서 물었다.

"서로 싸우지 말라는 것과 밧줄은 무슨 상관이 있느냐?"

피해자는 머리를 긁적거리며 대답했다.

"나리, 이놈들이 '돼지 먹잇감 구하는 일'과 '돼지 우릿간 청소하는 일'을 서로 미루고 싸우길래 돼지 허리에 밧줄을 묶어서 재산을 구분해 주었습니다. 밧줄에서 머리까지는 형의 재산이고, 밧줄 뒤로 꼬리까지는 동생 재산으로 구분해서 먹이는 입으로 먹으니 형이 먹잇감을 구해야 하고, 배설은 돼지 엉덩이에서 쏟아지니 우릿간 청소는 당연히 동생이 하라고 분담을 시켜 주었습니다요."

침묵하던 형이 머리를 들었다.

"나리, 이 돼지가 우리를 탈출하게 된 건 허리에 맨 밧줄이 너무 꽉 껴서 돼지가 답답하고 가려워서 하루 종일 우릿간 벽을 비벼 대니까 우릿간이 부서지면서 도둥쳤습니다. 또 돼지가 추워서 불을 쬐다가 뒷다리가 불씨를 밟아 화상을 입어 질질 끌고 다닙니다. 탈출은 저 아

형제의 싸움을 부추기다 말리던 이웃 아저씨들이 한반도의 허리에 밧줄을 묶은 지도 어언 70년, 반목했던 형제는 이제 우리도 허리의 밧줄을 풀어 보자고 서로 양보할 것을 약속하고 원님을 찾아뵙기로 했다. 과연 형제는 원님 앞에서 어떤 진술을 할지, 원님은 어떤 판결을 내리실지 정말 궁금해진다.

저씨가 밧줄을 꽉 맸기 때문이고, 불을 옮긴 뒷다리는 아우의 것이니 저는 책임이 없습니다."

그러자 동생이 얼른 고개를 들고 말했다.

"나리, 아닙니다. 뒷다리는 그저 앞다리만 따라갔을 뿐입니다. 뒷다리가 먼저 앞으로 나가는 것을 보셨습니까? 앞다리가 잘못 갔으니 그 책임은 형에게 있습니다."

이 우화寓話에서 내가 원님이라면 형제에게 어떤 판결을 내렸을까?

형제의 싸움을 부추기다 말리던 이웃 아저씨들이 한반도의 허리에 밧줄을 묶은 지도 어언 70년이 되어 간다.

싸움 후엔 서로 지쳐서 힘도 없었고, 절실한 생존 문제가 버거워서 앞뒤 좌우를 살펴볼 여지도 없었다.

이제야 살림에 여유가 생기고 살아갈 날도 얼마 남지 않았으니 북녘에 두고 온 가족들, 고향, 친지들이 보고 싶고, 그리워지고, 답답했던 마음이 조급해졌다. '목마른 놈이 우물 판다'고 했던가!

반목했던 형제는 이제 우리도 허리의 밧줄을 풀어 보자고 만나고, 포옹도 하고, 머리도 맞댔다. 함께 식사도 하고, 여행도 하면서 화해와 친목을 다지면서 서로 양보할 것을 약속했다. 그러면서 가급적 빨리 원님을 찾아뵙기로 했다.

원님 앞에서 형제는 과연 어떤 진술을 할 것인지, 원님은 어떤 판결을 내리실는지 정말 궁금해진다.

허리가 묶였던 독일, 베트남, 예멘도 밧줄을 풀었는데, 지구상엔 한반도와 키프러스에만 아직도 밧줄이 남아 있다.

— 미주A중앙일보 LA판, 2018. 9. 25

다시 청백리가 보고 싶다

맹사성孟思誠(1359~1431)은 고려말에 과거에 급제한 후, 조선시대 세종 때까지 여러 관직을 거쳐 좌의정, 우의정에까지 올랐다. 그가 『태종실록』을 기록하는 사관史官으로 있을 때, 한번은 세종이 자기 부친에 관한 기록을 보자고 했다.

"현왕이 부왕의 실록을 보게 되면 훗날에도 반복될 수 있고, 역사의 공정한 기록보존을 위해 현왕은 실록을 못 보게 되어 있습니다."

맹 사관이 정중히 거절하자 세종은 순순히 이를 따랐다고 한다. 맹사성은 청렴, 강직했고 임금 앞에서도 원칙을 지킨 인물이었다.

맹사성이 온양에 조상의 산소로 성묘하러 갈 때의 일이다. 맹 정승의 행차 소식을 듣고, 산소로 가는 길에 근접한 두 고을의 원님들이 길을 깨끗이 닦아 놓고 기다리고 있었다. 그런데 맹 정승이 오기도 전에 웬 초라한 늙은이가 소를 타고 그 길로 오고 있었다.

원님들은 화가 나서,

"주책없는 늙은이야! 정승께서 지나가시라고 닦아 놓은 길에 네가 뭔데 먼저 지나가느냐!"

고래고래 소리를 질렀다. 그러자,

"고맙소. 지금 고불古佛(맹사성의 호)이 성묘하러 가는 길인데, 길을 닦아 놓은 줄 알았더라면 스는 두고 왔을 텐데."

웃으면서 대답했다고 한다.

맹사성은 황희 정승과 함께 조선 초기의 정치와 문화 발전에 큰 공을 세웠고 청백리淸白吏의 표상이었다.

'청백리'는 조선시대 때 청렴, 강직한 관리를 장려하고 보상할 목적으로 실시한 표창제도였다. 청백리 호칭을 받는 것은 가문의 경예요, 후손들에겐 그 은덕으로 벼슬길에 오를 수 있는 특전이 주어졌다. 그러나 실제로 후손들이 이 특전을 이용하여 관직에 오른 사람은 거의 없었다. 명예로운 조상님 얼굴에 작은 누라도 끼칠까 봐 아예 과거에 합격해서 떳떳하게 관직에 나갔기 때문이다.

조선 왕조 500년 동안 청백리 칭호를 받은 신하는 단 217명에 불과했다. 그만큼 받기가 어려운 자리였다.

정부는 이를 본떠서 '청백리상'을 시상해 오고 있지만, 고위급 관료가 이 상을 받았다는 기록은 아직 없다.

총리나 장관으로 입각할 때 후보들은 국회 인사청문회의 검증을 거친다.

미국의 링컨 대통령은 "만약 누군가의 인품을 알고 싶다면, 그에게 권력을 줘 보라."라는 말을 남겼다. 권력은 국민으로부터 받는 것이며, 권위는 자신의 청렴과 강직한 인품에서 나오는 것이다.

    필자는 2009년 국방부 장관 후보 청문회와 2010년 총리 후보의 청문회 장면을 지금도 기억한다. 송곳 질문으로 소유재산, 개인사, 가족사까지 탈탈 털어내는 국회의원들은 국방부장관 후보의 37년간 군생활(육군대장)과 총리 후보의 38년간 공직생활(대법관, 감사원장)에서 어떤 부정, 비리, 부도덕성을 찾지 못했다. 오히려 청렴과 강직으로 살아온 삶이 드러나 모든 국민을 감동시켰다. 작금의 청문회에 나오는 관료들에겐 청렴성과 도덕성이란 아예 찾아볼 수가 없으니 개탄스럽다.

    최근 한국의 집권당 대표가,

    "앞으로 20년은 더 집권을 계속해야 한다."

고 '20년 장기 집권론'을 당원들에게 설파했다. 심지어 그는 평양 방문에서 북한인민회의 의장에게,

    "내가 죽기 전에는 절대로 정권을 뺏기지 않을 것이다."

라고 장기 집권의 확신과 자신감을 피력했다. 하긴 북한의 김일성은 46년, 아들이 17년, 손자가 8년째 3대 세습으로 70년 이상 장기 집권하고 있으니, 남쪽 대표의 20년 장기 집권 정도엔 전혀 놀라지도 않았을 것이다.

    정치인으로 집권 의지를 나타낼 수는 있다. 하지만 국민에게 희망

과 감동을 주는 정치, 국리민복國利民福의 정치를 실천해 나간다면 집권은 저절로 될 텐데, 염불에는 관심이 없고 잿밥에만 마음을 두는 꼴이다.

권력은 국민으로부터 받는 것이며, 권위는 자신의 청렴과 강직한 인품에서 나오는 것이다. 링컨 대통령은,

"만약 당신이 누군가의 인품을 알고 싶다면, 그에게 권력을 줘 보라."

라는 말을 남겼다.

"권력은 부패할 경향이 있고, 절대권력은 절대적으로 부패한다."

영국의 정치가이자 역사학자였던 달버그 액턴(John Dalberg-Acton) 경이 가톨릭 교황청의 부패를 보고 화살처럼 쏘아 댄 경고였다.

시대는 크게 발전해 가는데 정치는 거꾸로 퇴보하는 것 같다. 청문회를 통해 우리 시대의 청백리를 다시 볼 수 있을까.

— 미주중앙일보 LA판, 2018. 10. 25

'숨기는 자'와 '찾는 자'의 진실게임

　초나라에 한 고지식한 서생이 책을 읽다가 '사마귀는 매미를 잡을 때 나뭇잎으로 몸을 숨기고 다가가서 매미를 잡으며, 사람도 이 나뭇잎을 가지면 투명인간이 되어 타인의 눈에 띄지 않게 될 것이다.'라는 내용을 발견했다.
　이것을 곧이곧대로 믿은 서생은 곧장 매미가 우는 나무 아래로 가서 종일 고개를 쳐들고 사마귀가 매미 잡기만을 기다렸다. 이윽고 사마귀가 나뭇잎 뒤에 숨어서 슬금슬금 다가가 매미 잡는 장면을 포착했다. 서생은 잽싸게 나무에 올라 그 나뭇잎을 따서 내려오다가 실수로 그만 땅바닥의 낙엽더미 위에 떨어뜨리고 말았다. 많은 낙엽 중에 금방 떨어뜨린 나뭇잎을 도저히 찾을 수가 없자, 그는 낙엽을 몽땅 쓸어 바구니에 담아 집으로 가져왔다.
　집에 온 서생은 아내를 앞에 앉혀 놓고 나뭇잎을 하나씩 꺼내 자기 눈에 대면서, '내가 보여?'라고 묻기 시작했다. 아내는 '그럼 보이지!'라고 대답했다. 같은 행동과 질문이 계속되자 지친 아내는 화가 치밀어 다음 나뭇잎을 눈에 대었을 때,

"이젠 안 보여!"

라고 퉁명스레 대답하고 나가 버렸다.

"바로 이 나뭇잎이군!"

서생은 신이 났다. 바로 그 나뭇잎을 이마에 붙이고 아랫마을 주막집으로 달려갔다. 그는 들어가자마자 '내가 안 보일 거야!' 하고는 주모를 덥석 안았다. 그러고는 결국 관아에 끌려가고 말았다.

겁탈죄를 심문하던 판관은 서생의 자초지종 변명에 웃음을 참지 못하고 배를 잡고 말했다.

"네놈이야말로 나뭇잎 하나에 눈이 가려 너 자신을 못 보는구나! 정말 미쳤구만!"

크게 꾸짖고 훈방했다.

일엽장목一葉障目 불견태산不見泰山, '나뭇잎 하나가 눈을 가리면 태산을 볼 수 없다'는 고사성어다.

중국 고전 유머집 『소림笑林』에 나오는 해학적인 이야기지만, 이 속에 큰 교훈이 들어 있다. 일상에서 단편적이고 지엽적인 것에 치우치다 보면 사물의 본질이나 전체를 보지 못한다는 뜻이다.

통일을 전제로 남북정상회담이 열리고, 비핵화를 위한 북미정상회담도 이어졌지만, 회담의 외적 홍보만 전 온 세계적으로 요란했을 뿐

> 거짓은 변명과 토를 달지만 진실은 변명도 토도 달지 않는다. 거짓은 위장을 해야 하기 때문에 늘 우회하며 시간을 끌지만 진실은 본래의 생긴 대로 항상 직진이다. 그래서 '숨기는 자'는 늘 시간이 필요하고, '찾는 자'는 직진으로 쫓는다. 쌍방의 진실게임 공방이다.

이다. 정작 통일이나 비핵화는 실질적인 진전을 이루지 못하고, 오히려 본질에서 점점 멀어지고 있는 형국이다.

사람들은 거짓이 진실을 덮을 때 '하늘이 무섭지 않느냐!'라고 절규한다. '하늘이 내려다보고 있다'는 표현을 강하게 비유적으로 하는 말이다. 그런데 이 말은 지금 현실이 되었다.

'하늘의 눈(Eyes of the Sky)'이라 불리는 최첨단 소형 인공위성들은 우주에서 지구 모든 곳을 주야로 실시간 살피면서 미래의 변화까지 예측하고 있다. 심지어 풍뎅이 같은 초소형 드론은 정밀 감시가 필요한 인물의 동태와 동선을 파악하고, 때론 야외경기장의 보안경비까지 담당한다. 그야말로 손금 보듯이 샅샅이 내려다보고 있는 시대에 우리가 살고 있다.

"거짓은 복잡하고 진실은 단순하다."

이 말은 문재인 대통령이 후보 시절에 자주 역설했던 말이다. 거짓은 변명과 토를 달지만 진실은 변명도 토도 달지 않는다. 거짓은 위장을 해야 하기 때문에 늘 우회하며 시간을 끌지만 진실은 본래의 생긴 대로 항상 직진이다. 그래서 '숨기는 자'는 늘 시간이 필요하고, '찾는 자'는 직진으로 쫓는다. 쌍방의 진실게임 공방이다.

은닉은 주로 야간이나 구름이 짙게 낀 시간을 이용하지만, '하늘의 눈'은 합성개구레이더(SAR) 신호로 전천후 지상 및 해상의 움직임과 그 흔적까지도 투명하게 쫓아가고 있다.

미국 NSA(국가안보국)의 프리즘PRISM은 일명 '미국의 눈과 귀'라고 불린다. 지구상의 은닉된 시설과 사물을 밝혀낼 뿐단 아니라 스리(음성, 음파, 전파)까지 흡수하여 분석하는 '통신전자감시체계망'이다.

북한이 시간을 벌며 꼭꼭 숨긴다 해도 프리즘 앞에선 나뭇잎 하나로 눈을 가린 꼴이 될 것이다.

첨단과학의 발달은 '숨기는 자'와 '찾는 자'의 게임에서 '찾는 자'에게 한층 더 유리해지고 있다. 진실된 비핵화는 보장된 체제 안정과 경제원조의 대박을 터뜨리겠지만, 거짓은 낭패를 볼 것이다.

— 미주중앙일보 LA판, 2018. 11. 24

매듭 짓기와 매듭 풀기

　벌써 12월이다. 한 해의 매듭을 지을 때다. 우리 조상들이 12월을 '매듭달'이라 불렀던 이유를 알 것 같다.
　매듭은 실, 끈, 로프 등을 묶어 맺은 자리를 말하지만, 어떤 일과 일 사이의 마무리와 정리를 뜻하기도 한다.
　대나무는 한 해를 자란 후 겨울이면 매듭을 짓고, 이듬해 봄부터 다시 자라고, 또 매듭짓고, 반복하며 자란다. 줄기도 가늘면서 속이 텅 빈 대나무가 강인한 것은 다른 나무와 달리 일정한 간격으로 매듭을 짓기 때문이다.
　높이 치솟은 대나무가 어떤 강풍에도 꺾이지 않는 것은 매듭이 받쳐 주기 때문이라 한다.
　이렇듯 매듭을 지을 줄 아는 사람은 거친 인생 폭풍 속에서도 꺾이지 않고 굳세게 뻗어 나갈 수 있을 것이다.

고대 중국 북위北魏의 실권자 고환高歡(496~547)은 자기의 후계자를 세우기 위해 자식들을 고아 놓고 누가 더 영리하고 성실한가를 시험했다. 매듭으로 복잡하게 엉킨 삼실 뭉치를 하나씩 나누어 주고 풀어 보라고 했다. 아이들 대부분은 삼실 뭉치 매듭을 하나씩 풀어내느라 낑낑대고 있었다.

그때 차남인 고양은 그걸 왜 시간과 땀을 흘리면서 풀어야 하는가? 그는 금방 칼을 가져와서 삼실뭉치의 매듭들을 끊으면서 풀었다. 유명한 고사성어 '쾌도난마快刀亂麻'는 이 이야기에서 나온 것이다.

'쾌도快刀'는 잘 베어지는 칼이며, '난마亂麻'는 매듭으로 엉킨 삼실뭉치를 뜻한다.

고양은 아버지에게,

"어지러운 것은 베어 버려야 합니다."

즉, 난자수참亂者須斬을 주장했다.

후계자로 왕위를 물려받은 고양은 어지러운 형제들과 공신들을 무참하게 숙청한 폭군으로 역사에 남았다. 금세기에 북한의 후계자는 어떤 시험과 절차를 거쳐 세습되었는지 자못 궁금하다.

'쾌도난마'는 폭정으로 백성들을 잔혹하게 다스리는 폭군 통치자를 가리키는 말이었는데, 오늘날엔 어지럽게 뒤엉킨 일이나 정황들을 재빠르고 명쾌하게 처리한다는 뜻으로 통용되고 있다.

그리스 전설에도 비슷한 얘기가 있다. 고대 소아시아의 프리기아(지금의 터키 근방) 왕국에는 왕이 없었다. 어느 날 오라클Oracle 신은,

대나무는 한 해를 자란 후 겨울이면 매듭을 짓고, 이듬해 봄부터 다시 자라고 또 매듭짓기를 반복하며 자란다. 줄기도 가늘면서 속이 텅 빈 대나무가 강인한 것은 일정한 간격으로 매듭을 짓기 때문이다. 높이 치솟은 대나무가 어떤 강풍에도 휘어지긴 해도 꺾이지 않는 것은 매듭이 받쳐 주기 때문이라 한다.

"테르메소스 성에 마차를 타고 오는 자가 왕이 될 것이다."
라고 예언했다.

세월이 지난 어느 날, 시골 농부인 고르디우스가 우마차에 농작물을 잔뜩 싣고 테르메소스 성에 들어왔다. 성안에 살던 사람들은 오라클 신이 예언한 왕이 나타났다며 기뻐했고, 고르디우스를 프리기아의 왕으로 세웠다. 이후 고르디우스 왕은 자기가 타고 온 우마차를 그 성의 신전 기둥에 단단히 묶어 놓았다. 그러고는,

"앞으로 이 우마차를 묶은 매듭을 푸는 자가 아시아의 왕이 될 것이다."
라고 예언했다.

마케도니아의 알렉산더가 프리기아를 공격해 왔을 때 이 예언을 듣고 신전에 묶인 우마차의 매듭을 풀려고 애를 썼다. 그러나 매듭이 워낙 복잡해서 도무지 풀 수가 없자, 화가 난 알렉산더는 칼로 매듭을 끊어 버렸다. 이후 알렉산더는 인더스강까지 점령했으나 그의 사후에는 여러 개의 나라로 분열되고 말았다. 매듭을 풀지 않고 여러 개로 끊어

버렸기 때문이라고 전해지고 있다.

　인생을 살면서 매듭(마무리)을 지을 때가 있고, 매듭(관계)을 풀고 넘어가야 할 때도 있다. 특히 인간관계에서 매듭을 풀지 못한다면 서로가 불행이다. 매듭을 짓고 풀며 사는 것이 인생이다.
　우리 모두 금년 한 해도 숨차게 달려왔다. 이젠 마무리를 지혜롭게 아름답게 해야 할 시간이다. 또 풀지 못한 '관계의 매듭'이 있다면 사랑과 용서로 풀고 넘어가야 할 시간이다.
　화장실이 급하면 저절로 발걸음이 빨라지듯, 매듭달은 우리를 재촉하듯 끌어당긴다.
　어서 비핵화의 줄 당기기가 공정한 매듭을 짓고, 한반도 허리에 묶인 매듭도 풀리기를 간절히 소망하면서, 곧 12월의 달력을 걷어내면 빈 벽의 공간에 또 어떤 그림으로 채울까를 고민해 본다.

— 미주중앙일보 LA판, 2018. 12. 10

'친일한 자'가 '항일한 자'에게 상賞이라니

　　물빛 좋은 통천에서 일제 암흑기 절망 속에 꺼져 가는 민족혼 일깨우려고 절규하던 당신의 소리!
　　신사참배 거부와 독립 만세 투쟁으로 일제日帝를 호령하던 그 기백!
　　평생을 고도고리高度古利의 좌우명으로 살았던 지조志操!
　　전도자로 불태운 생애와 신앙 속에 오늘도 당신은 섬광 번뜩이는 불멸의 빛으로 탄생하네

　국립대전현충원 애국지사 묘역, 맨 앞줄에 자리한 내 할아버지, 이수정의 묘비에 새겨진 비문碑文이다.
　새싹이 새 희망을 틔우는 3월이 돌아올 때마다 우리 선조들이 목이 터져라 외쳤던 대한 독립 만세! 그 함성 속에 내 할아버지의 절절한 만

세 소리도 들리는 듯하다.

설교단에선 하나님 한 분께만 예배해야지, 결코 우상이나 신사엔 참배 거부를 설파한 목회자요, 교회 뒤뜰에서 젊은이들의 상투를 깎아 주며 개화사상과 민족의식을 깨우쳐 준 사상가요, 밤이면 희미한 등잔불 밑에서 젊은이들에게 천자문과 명심보감의 글을 가르쳤던 훈장님이요, 김구 선생님과 함께 한국독립당을 결성하고, 강원도 한독당을 이끌었던 독립운동가로서 그분은 자기 가족은 잊어버리고 오직 빼앗긴 나라, 나라 잃은 백성들을 이끌었던 지도자였다.

기미년 3월 1일, 민족 대표들의 독립선언문이 발표되자 전국 방방곡곡에선 독립 만세 소리가 세상을 깨웠다.

강원도 통천通川 땅에도 어느 도시 못지않게 독립 만세 운동이 거세게 전개되었고, 한밤중에 주재소駐在所(경찰서)와 읍사무소가 불타오르고 파괴되었다. 하지만 외경들과의 항쟁은 계란으로 바위 치기였다. 결국 내 할아버지는 국가 기물 파괴와 방화 사건의 배후 조종 주범으로 체포되었다.

그는 함흥 감옥에서 서대문형무소로, 다시 강릉 감옥으로, 출소할 때까지 6년의 옥고를 치렀다. 감옥 안에서도 신사참배 거부로 심한 전기 고문과 린치를 당했다. 전기 고문으로 흉하게 파열된 발가락을 가리기 위해 그는 평생을 버선과 양말을 신고 지냈다.

서슬 시퍼런 제3공화국 시절, 정부에서 삼일절을 기해 그에게 건국 훈장과 선물을 포상했을 때, '감히 친일한 자가 항일한 자에게 상을 내린다는 것은 가당치 않다.'고 그는 위엄 있게 거절했다. 나라 잃은 백

제3공화국 시절, 정부에서 삼일절을 기해 건국훈장과 선물을 포상했을 때, '친일한 자가 항일한 자에게 상을 주는 것은 가당치도 않다.'고 위엄 있게 거절했던 내 할아버지. '나라 잃은 백성이면 마땅히 독립운동을 해야 하고, 못 했으면 부끄러워해야지 상賞을 내릴 자격이 있느냐?'고 반문하였다.

성이면 마땅히 독립운동을 해야 하고, 독립운동을 못 했으면 부끄러워해야지 상賞을 내릴 자격이 있느냐고 반문하였다.

  수상 거부 사건으로 내 할아버지는 방첩대에 불려 가서 조사를 받았고, 그 후 애국지사(광복회) 명단에서 삭제되었다. 그는 노년시절에도 독립유공자 복원엔 전혀 관심이 없었고, 오로지 교회가 없는 산촌, 빈촌을 찾아다니며 복음 전도자로 생을 마쳤다. 노태우 정부 때 애국지사로 복원되어 산소를 국립대전현충원으로 이장했다.

  친일의 자식들은 호의호식好衣好食했지만, 항일의 자식들은 끼니를 굶으며 가정은 찢어졌다. 친일의 후손들은 교육과 출세가 보장되었지만, 항일의 후손들에겐 가난과 역경이 대물림되었다.

  손기정 선수가 베를린올림픽 마라톤 경기에서 우승했을 때, '죽도록 다리가 뛰었는데, 영광은 손이 받았다.'는 그분의 설교, 내 어린 시절 들었던 할아버지의 단단하고 흔들림 없는 목소리가 지금도 기억에 생생하다. 이 유명한 설교는 당시 친일로 입신양명立身揚名한 자들의 양심을 찔렀다.

彈琴聲탄금성 吹笛聲취적성

    거문고 타는 소리나 피리 부는 소리가

不如子孫讀書聲불여자손독서성

    손자의 글 읽는 소리만 못하고

玩月色완월색 觀花色관화색

    달빛의 색깔이나 꽃의 아름다운 색깔이

不如國家平和色불여국가평화색

    나라의 평화스런 색깔만 못하니라

  필자가 대학생 시절, 팔순 할아버지가 큰 붓으로 써서 보내 주신 한시漢詩, 하숙집을 옮겨 다닐 때마다 책상 앞에 다시 걸었던 할아버지의 친필 교훈이었다.

  그 시절 일본 글로 갈겨쓴, 빛바랜 할아버지의 재판기록을 볼 때마다 어금니를 깨물며 일본을 씹었는데, 굵어지는 나이테는 미워하던 감정을 점점 무뎌지게 했다.

  우리는 비록 미국 시민으로 살아가지만, 100년 전 독립운동가들의 애국애족 헌신과 순국을 회상하건서 다시는 이웃 나라들이 한반도를 넘보지 못하도록 결연한 민족정신으로 조국 번영에 뜻을 모아야겠다.

— 미주중앙일보 LA판, 2019. 3. 1

누가 내 치즈를 옮겼을까

    며칠 전 규모 6.1의 지진이 필리핀을 강타했다. 이틀 후 다시 6.3의 강진이 연속으로 섬나라 필리핀을 흔들었고, 사상자도 많이 발생했다. 지진이나 지각변동, 또는 쓰나미Tsunami(해일) 등의 자연재해가 언제, 어디서, 어떤 강도의 크기로 발생할지를 예측하는 것은 아직도 현대 과학으로 불가능하다.

    과학자들은 지진의 전조前兆에 대해 연구를 계속하고 있으나 뚜렷한 예측 징후를 찾지 못하고 있다. 단 몇 초라도 일찍 지진을 진단할 수 있다면 어느 정도의 큰 피해는 미리 방지할 수도 있을 것이다.

    개는 지진의 전조를 느끼면 갑자기 짖어 대며 사나워지고, 고양이는 몸을 떨면서 나무 위로 올라간다고 한다.

    중국 스촨성四川省의 8.0 대지진이 발생했을 때 개구리와 두꺼비 떼 수십만 마리가 지진 발생 며칠 전부터 지표면으로 나와 이동하는 것이 발견되었다. 이 파충류들이 지진의 전조를 감지했다는 흔적이다. 동물이 인간에 비해 변화에 훨씬 민감하기 때문이다. 인간이 변화를 싫어하는 것은 본능적으로 변화에 둔감하기 때문일까.

2000년을 목전에 두었을 때였다. 내가 근무했던 직장에서 모든 간부에게 영어로 씌어진 얄팍한 책을 한 권씩 나누어 주고, 읽은 후 독후감을 제출하라고 종용받았던 기억이 난다.

그 책 제목이 『Who Moved My Cheese?(누가 내 치즈를 옮겼을까)』였다. 기업 컨설팅 전문가인 스펜서 존슨(Dr. Spencer Johnson) 박사가 쓴 베스트셀러 제1위를 점하던 책이었다.

창고에 보관된 '치즈'에 대한 우화를 통해 현대인은 나날이 변화해 가는 환경에 대해 무엇을 지향하며 어떻게 대처하는지를 삶의 지침으로 제시하면서 환경의 변화를 생생하게 펼쳐 가는 단편소설 형식의 작품이었다.

이 책에서 '치즈'란 우리가 일상생활에서 추구하는 안정된 직업, 사업 성공, 재물, 자식 교육, 좋은 집, 건강, 명예, 친구관계 등을 아우르는 개념이다. 인간은 자기 자신만이 꿈꾸고 있는 '치즈'를 마음속에 두고 있다. 그것을 얻으려고 열심히 살아가고 있다. 거기에서 행복, 만족, 기쁨을 누릴 수 있을 거라고 믿기 때문이다.

이 책은 끊임없이 일어나는 변화에 대해 우리가 어떤 자세로 받아들여야 하는지 정확하게 알려 주고 있다. 변화는 파도처럼 항상 밀려오고 있다. 따라서 다음 변화를 예상해야 한다. 변화는 치즈를 계속 옮겨 놓는다. 치즈는 시간과 비례하여 상한다. 자주 냄새를 맡으며 관리

시간의 흐름과 시대의 변화, 체력의 노화에는 정지가 없다. 과거 잘나가던 때의 명예와 자존심, 체면 같은 건 미래를 위해 과감히 내려놓자. 입에 맞는 고급 치즈만 고집할 게 아니라 내 형편과 몸에 맞는 치즈를 찾아 빠르게 변해 보자.

해야 한다. 치즈의 증감도 감지해야 한다.

치즈가 감소하기 시작했다면 과거, 현재에 대한 미련을 빨리 털고, 새 치즈를 찾아 빠르게 움직여야 한다.

시간에 따라 치즈도 변하지만 우리 자신도 변하고 있다. 미래를 위해 항상 변화를 받아들이고 즐겨야 한다. 사실상 우리 이민자들은 변화를 싫어했다면 낯설고 말[言] 선 먼 미국 땅으로 건너오지 않았을 것이다.

대형 선박들은 파도를 넘을 때 항상 파도 모양대로 휘어지도록 설계되었다. 파도의 정점(波高)을 넘을 땐 배의 양 끝(선수와 선미)이 아래로 휘어지고, 배가 파도와 파도 사이에 걸쳐 있을 땐 양 끝은 위로 휘어진다.

해운 용어로 파고에서 양 끝이 내려가는 현상을 '하깅Hogging', 파저에서 양 끝이 위로 휘는 현상을 '새깅Sagging'이라 한다. 항해에서 하깅과 새깅이 반복되지 않으면 선박은 허리가 부러지고 침몰하고 만다.

인생의 항로에도 크고 작은 환경의 변화가 파도처럼 계속 몰려온다. 매 순간 밀려오는 환경의 저항 때문에 무의식적으로 우리의 삶은 좌우로(Rolling), 앞뒤로(Pitching), 상하로(Heaving) 흔들리며 살아간다.

거센 풍파를 잘 헤쳐 나가는 선박의 항해 원리를 잘 활용하면 인생이 유연해질 것이다.

시간의 흐름과 시대의 변화, 체력의 노화에는 정지(Stop)가 없다.

과거 잘나가던 때의 명예와 자존심, 체면 같은 건 미래를 위해 과감히 내려놓자.

입에 맞는 고급 치즈만 고집할 게 아니라 미래의 내 형편과 몸에 맞는 치즈를 찾아 빠르게 변해 보자.

— 미주중앙일보 LA판, 20˙9. 5. 2

고개를 낮추면 부딪칠 일도 없다

프랑스혁명을 주도한 지도자 로베스피에르Robespierre는 '프랑스의 모든 아동은 우유를 마실 권리가 있다.'면서 우윳값을 반값으로 내리도록 지시했다. 아이를 기르는 국민들은 크게 환호했지만, 목장 주인들은 젖소 사육을 포기하고 말았다. 우윳값으로 젖소 사료값을 도저히 감당할 수 없었기 때문이다.

로베스피에르는 그럼 건초값도 내리라고 명령했고, 이를 어기면 '인민의 적'으로 몰아 단두대에 세우겠다고 다그쳤다. 그러자 농민들은 농토를 다른 용도로 변경해 버렸다. 결국 젖소와 사료가 귀해지니 우윳값은 10배로 폭등했고, 구매조차 어렵게 되었다.

로베스피에르는 평등, 정의 사회를 빙자해 적폐 청산과 구습 타파로 공포정치를 계속했고, 경제정책과 시장 원리는 완전히 무시했다. 자기를 지지하는 편의 주장과 인기에만 올인하다가 민생경제는 파탄에 이르렀다. 독재자는 긴심에서 멀어지고 결국은 '인민의 적'이 되어 자기가 만든 단두대로 보내졌다.

최근 문 대통령 '취임 2주년' 대담 방송을 진행하던 KBS의 뉴스메이커는 "야당에선 대통령을 '독재자'라고 하는데 어떻게 생각하느냐?"고 질문했다가 시청자들의 거센 항의가 빗발쳤다.

조지 오웰의 소설 『동물농장』이 생각난다.

인간이 경영하던 동물농장에서 농장주의 무능력과 수탈에 불만을 품은 동물들은 혁명을 일으켜 인간을 축출하고, 동물들 스스로 농장을 경영하며 평등한 '이상사회'를 건설하기 위해 법을 만든다. 그 법의 준수와 감시를 위해 동물들은 계급을 정한다. 동물사회에 특권 귀족층이 등장한 셈이다. 시간이 지나면서 동물들이 내세운 평등 이념은 무너지고 귀족 세력은 이권과 사욕을 채우기 위해 독재가 행해진다. 인간사회에서 존재했던 동일한 권력투쟁이 벌어진다. 반란자의 음모로 '동물의 적'이라고 그토록 증오하며 축출했던 인간들과 다시 손을 잡게 된다. 절대권력은 절대적으로 부패하고, 부패를 가리기 위해 공포정치와 장기집권을 꾀한다.

이 소설은 옛 소련을 비롯한 공산권 국가들의 사회주의와 전체주의 체제를 추종한 독재자들을 풍자하고 있다. 1945년에 씌어진 『동물농장』은 여전히 회자된다. 인간은 쉽게 자기 중심에 빠진다. '체제'에 취하고 '자기도취'에 젖으면 자만과 아집에서 빠져나오기 어렵기 때문이다.

바둑판 옆에서 훈수를 두는 것과 내가 직접 바둑돌을 놓는 것과는 견줄 수 없는 큰 차이가 있다. 직접 행하면서 시행착오도 겪고, 반복을 통해 실력과 경험을 쌓고, 이런 과정을 거친 후 '경험적 지식인'이 된다. 정치, 경제, 사회, 외교, 국방 등 각료들은 경험적 지식을 갖춘 '전문가'들이 국정을 이끌어야 한다.

세종 시대 재상이었던 맹사성이 젊은 나이에 장원급제를 하여 파주 군수로 내려갔다. 젊은 나이에 벼슬은 얻은 그는 기고만장에 안하무인眼下無人이었다.

어느 날 그는 무명선사無名禪師라는 노승老僧이 있다는 소문을 듣고 '제까짓 중이 알면 얼마나 알겠어.' 경멸하는 마음을 품고 그를 찾아가 거짓으로 간청했다.

"평생 지니고 살아야 할 좌우명을 말씀해 주십시오."

그러자 노승은 미소를 지으며 조용히 타이르듯,

"악을 행하지 말고 착한 일을 많이 하시면 됩니다."

라고 대답했다. 노승은 이미 오만하고 도도한 젊은 벼슬아치의 속내를 읽고 있었던 것이다.

맹사성은 발끈했다.

"그거야 삼척동자도 다 아는 것인데 그따위 것을 장원급제한 저에게 좌우명이라고 가르쳐 주시는 겁니까?"

노승은 빙그레 웃으면서 말했다.

"그야 삼척동자도 다 아는 사실이지만, 실천하기란 팔십 노인도 어려운 법입니다. 군수님은 '백문이불여일견百聞而不如一見'을 아시지요? 백 번 듣는 것보다 한 번 보는 것이 낫다 아닙니까. 그러나 한 경지 더 높이면 '백견이불여일각百見而不如一覺'이지요. 백 번 보는 것보다 한 번 깨우치는 것이 더 나은 것입니다. 또 한 경지 더 높이면 '백각이불여일행百覺而不如一行'이지요. 백 번 깨우치는 것보다 한 번 실천하는 것이 더 낫다는 거지요."

머쓱해진 맹사성이 자리에서 일어나 나가려 하자 노승은 차 한 잔을 권했다. 그러고는 찻잔 위로 주전자를 들어 물이 넘치도록 따르는 게 아닌가. 놀란 맹사성이

"스님, 차가 넘쳐 방바닥이 젖습니다."

라고 하자 노승은,

"물이 넘쳐 방바닥을 망치는 것은 보면서 머릿속에 자만이 넘쳐 인품을 망치는 것은 보이지 않습니까?"

라고 반문했다. 부끄러움에 허둥지둥 방을 나서던 맹사성은 낮은 문틀에 그만 머리를 부딪쳤다.

그 모습에 노승은 웃으며 다시 한마디 더했다.

"고개를 낮추시면 부딪히는 법이 없습니다."

맹사성은 이 일로 인하여 크게 깨닫고 자기 혁신을 이루어 세종 13년에 좌의정이 되어 명재상으로 이름을 날렸다.

참으로 마음에 와닿는 이야기이다.

바둑판 옆에서 훈수를 두는 것과 내가 직접 바둑돌을 놓는 것과는 견줄 수 없는 큰 차이가 있다.

직접 행하면서 시행착오도 겪고, 반복을 통해 실력과 경험을 쌓고, 이런 과정을 거친 후 '경험적 지식인'이 된다. 정치, 경제, 사회, 외교, 국방 등 각료들은 경험적 지식을 갖춘 전문가들이 국정을 이끌어야 한다.

코드인사는 국제적 망신과 국제경쟁력을 떨어뜨린다. 그래서 국민들은 늘 불안하다.

— 미주중앙일보 LA판, 2019. 5. 15

'어부지리漁父之利'에서 얻는 교훈

중국 전국시대 때 조나라는 흉년이 든 연나라를 공격하려고 했다. 이때 연나라 소왕昭王은 지략과 외교력을 갖춘 소대蘇代를 급히 조나라 혜왕惠王에게 보냈다.

소대는 혜왕 앞에 배례하고서,

"제가 여기로 오면서 강을 건너는데, 강변에서 조개가 입을 벌리고 햇볕을 쬐고 있었습니다. 그때 갑자기 도요새가 날아와 조갯살을 쪼았습니다. 놀란 조개는 즉시 입을 닫아 도요새 부리를 꽉 물었습니다. 다급해진 도요새는 조개에게 '이 상태로 며칠만 비가 오지 않는다면 너는 말라 죽을 거다.'라고 말했습니다. 조개도 도요새에게 '내가 너를 며칠만 놓아주지 않는다면 넌 굶어 죽을 거다.'라고 대구했습니다. 이렇게 서로 물고 다투던 중에 마침 이곳을 지나던 어부가 힘들이지 않고 도요새와 조개를 한꺼번에 잡게 되었습니다. 지금 조나라가 연나라를 공격하면 두 나라가 장기간 전쟁으로 국력이 피폐하게 될 것입니다. 그러면 이웃의 진秦나라가 어부처럼 조와 연, 두 나라를 한꺼번에 취하게 될 것입니다. 왕께서는 공격을 심사숙고하시기 바랍니다."

이 말에 조나라 혜왕은 연나라 공격을 포기하고 말았다.

유명한 고사성어 '어부지리漁父之利'는 둘이 서로 싸우는 사이에 제삼자가 이득을 본다는 뜻이다.

위의 고사에는 세 인물, 즉 연나라 소왕, 소대, 그리고 조나라 혜왕이 등장한다.

소왕은 능력 있는 인물, 소대를 책사로 선택한 혜안과 그를 적기에 조나라로 보낸 지도자였다.

소대는 소왕의 명령을 받들어 조나라 혜왕을 설득시킨 당대의 지략과 외교력을 지닌 책사였다.

조나라 혜왕은 소대의 간언을 받아들여 칼을 거두고, 연나라와 손을 잡다. 결단과 통찰을 지닌 지도자였다.

두 왕은 전쟁 일보 직전에 화친을 맺음으로써 이웃의 어부가 감히 넘보지 못하도록 연합하게 되었다.

정치에서 좌파와 우파의 갈등과 정쟁이 심화되면 어부는 누가 될까. 남과 북이 갈렸는데, 남한의 좁은 땅에서 또 좌·우로 갈린다면 현대판 삼국시대로 회귀하는 것이 아닐까.

요즘처럼 노사분쟁과 여야 정쟁으로 치닫는 산업현장과 정치판에 한국의 진보들은 마치 친북주의를 지향하는 듯하며 민주적 절차보다 힘의 논리를 앞세우는 것 같다. 시대의 변화를 대하는 관점과 경제 주체의 방향에 따라 진보냐 보수냐의 개념은 달라진다. '진보, 보수'를 함부로 구분 짓고 정쟁을 계속하면 주변에 도사리고 있는 어부들만 좋은 일 시키는 꼴이 된다.

소대 같은 출중한 책사는 없을까.

'좌파와 우파'의 역사적 실체는 18세기 프랑스 시민혁명에서 시작되었다. 이 혁명은 절대권력인 왕정과 귀족계급을 무너뜨리고 자유와 평등을 쟁취하는 데 성공했다.

혁명 당시 국민공회 회의석상에 급진개혁, 사회주의, 빈민층을 대변하던 '자코뱅파'가 좌측 의석에 앉았다.

한편 온건개혁, 자유주의, 시장경제, 상공업 부르주아 입장을 옹호하던 '지롱드파'는 우측 의석에 앉아서 대립적인 토론을 벌였던 것에서 좌파와 우파로 불려졌다.

좌측의 자코뱅파는 이상세계 구현을 위해 지배와 착취를 정당화하는 사회주의 이념을 주장했고, 우측의 지롱드파는 사유재산 보호와 시장경제를 인정하는 자유, 자본주의 이념을 주장했다.

이들 좌·우가 지향하는 이념은 동전의 양면처럼 필연적이지만, 현실적으로는 많은 갈등이 존재한다. 이 갈등을 관리하고 봉합하려는 제도(체제)가 바로 민주주의다.

미국이나 유럽의 진보들은 시장경제, 자유주의를 기본으로 인정하고, 민주적 절차를 신봉한다. 하지만 한국의 진보들은 친북주의를 지향하는 듯하며, 민주적 절차보다 힘의 논리를 앞세우는 것만 같다. 시대의 변화를 대하는 관점과 경제 주체의 방향에 따라 진보냐 보수냐의 개념은 달라진다.

'진보, 보수'를 함부로 구분 짓고 정쟁을 계속하면 주변에 도사리고 있는 어부들만 좋은 일 시키는 꼴이 된다.

— 미주중앙일보 LA판, 2019. 6. 5

기교보다 기본이 먼저다

자동차의 나라, 축구의 나라, 맥주의 나라, 근면 검소한 국민의 나라, 우리에게 잘 알려진 독일의 대명사다.

하나를 더 추가한다면 기본을 잘 지키는 나라, 세계에서 가장 튼튼하고 빠른 자동차로, 지구상에 유일하게 속도 제한 없는 고속도로(Autobahn)를 달리면서 교통사고율은 세계에서 가장 낮은 나라가 독일이다. 법과 질서를 기본적으로 잘 지키기 때문이다.

필자가 독일 브레멘에서 근무할 때, 그곳엔 유독 음악 전공 한국 유학생들이 많았다. 한국이 낳은 작곡가 박영희 교수가 당시에 '브레멘 국립예술대학교'의 부총장으로 재직하고 있었으며, 그분은 한국의 유수한 음악대학들과 친밀한 교류를 통해 한국 유학생들을 대거 환영했고, 그들의 교육을 뒷받침해 주었다. 사실 박 부총장은 한국에서보다 독일과 유럽에서 더 많이 알려진 유명한 음악가다.

> 기본과 원칙을 무시한 비양심, 비도덕, 꼼수와 변칙은 조직과 사회, 국가와 국민 모두를 불행하게 만든다. 기교보다 기본이 먼저다. 속도보다 방향을 돌아 볼 때가 되었다. 기본으로 돌아가야 한다. 늦었다고 생각할 때가 가장 빠른 때이다.

그때 유학생들에게서 들은 얘기가 쇼크였다. '한국 학생들은 기교는 능한데 기본기가 약하다.'는 지적을 받고, 매일 밤 기본기 훈련을 연습하느라 고생이 많다는 것이다.

기교는 겉으로 보여 주는 기술이지만, 기본은 밑바탕에 깊이 묻혀 있는 근본적인 기술이며 힘이다.

왕조시대와 식민지 지배를 거쳐 온 한국은 제3공화국이 시작되자 경제개발, 국토종합개발 등 산업화에 박차를 가하며 압축성장을 펼쳤다. 그 시기의 고속도로, 항만, 공공시설 건설은 세계적으로 전례 없는 속도였다. 새마을정신과 새마을운동은 농촌 계몽과 개량을 가시화하여 세계적 자랑거리로 만들었다.

속도전은 과정보다 결과가 중시되었고, 가시화는 기초보다 겉치레에 더 치중했었다.

교육은 주관식보다 객관식으로 흘렀고, 가치 평가는 정신보다 물질이 우선했다. 우리의 의식구조에 '빨리빨리'가 자리 잡았고, 기본보다는 기교에, 원칙보다는 변칙에 더 능해졌다.

뼈저리게 아픈 세월호의 해난사고는 기본 수칙을 무시했던 대표적인 실례였다.

① 화물 적재의 기본수칙을 무시한 과적 탑재와 불균형 탑재(Over Weight & Unbalance)

② 조류가 빠른 해협 항로의 기본 수칙을 무시한 과속운항과 급변침 (Over Speed & Sudden Steering Change)

③ 사고 후 구조에 대한 기본적 절차 미숙(No Rescue Procedures) 등 어디에도 기본 수칙은 지켜지지 않았다.

최근 일본이 한국에 반도체의 핵심소재 수출 중단을 선언하자, 한국에선 반일감정이 급속히 퍼지고 있다. 그동안 한국의 '메모리 반도체'는 품질이 우수하여 글로벌 반도체 시장에서 단연 1위를 유지해 왔다.

반도체半導體(Semi-Conductor)란 무엇인가? 도체(Conductor)는 전기가 잘 흐르는 물질(구리, 철사 등)이며, 부도체(Insulator)는 전기가 통하지 않는 물질(유리, 고무 등)이다. 반도체는 도체와 부도체의 중간 정도의 고체물질이다. 빛이나 열 등 에너지를 가하면 도체처럼 전류가 통해 가전제품의 기억장치와 비디오 등에 필수적으로 사용된다.

그런데 이 반도체의 기본 핵심소재를 일본에서 수입해 온 것이다. '기본 소재는 일본에서, 기교의 완성품은 한국에서' 이것은 기술의 전문성과 비용 절감을 위해 국제적 분업경영을 해 온 것이다. 하지만 핵심소재의 공급선을 미리 다변화했더라면 좋았을 것이다.

'본립도생本立道生'이란 사자성어가 있다. '기본이 바로 서면 살길이 보인다'는 뜻이다.

  스포츠, 예술, 건축, 제품, 우리들 삶에도, 모든 분야마다 기본과 원칙이 있고, 반드시 지켜져야 한다. 기본과 원칙을 무시한 비양심, 비도덕, 꼼수와 변칙은 조직과 사회, 국가와 국민 모두를 불행하게 만든다. 기교보다 기본이 먼저다. 속도보다 방향을 돌아 볼 때가 되었다.

  기본으로 돌아가야 한다(Back to Basics!). 늦었다고 생각할 때가 가장 빠른 때이다.

— 미주중앙일보 LA판, 2019. 9. 5

진영논리 아닌 '바름'과 '그름'의 문제

 겉과 속이 다른, 즉 자기의 말과 행동이 다른 사람, 이중적 인격을 가진 사람을 '두 얼굴의 사나이'라 부른다. 인간의 내면에는 항시 선(good)과 악(evil)이 공존하며, 인간은 스스로 그들 중 하나를 선택하며 살아간다.
 낮에는 학식과 인격을 드러내며 존경과 명예를 얻고 싶어 한다. 밤에는 탐욕과 쾌락을 좇아 자기중심적이고 이기적인 욕망을 드러낸다.
 '두 얼굴을 가진 사나이' 하면 금방 떠오르는 사람이 있다. '지킬 박사'와 '하이드'다.
 낮엔 실험실에서 실험 가운을 두르고 연구와 실험에 여념이 없는 상류 지식층의 과학자요 의사인 지킬 박사, 그는 훌륭한 인격의 소유자이며 부와 명예를 이미 얻은 존경받는 귀족이었다.
 밤엔 음산한 기운에 안개가 뒤섞인 런던 거리에서 서슴없이 폭력과 살인을 일삼는 망나니 젊은 하이드, 그는 남루한 옷에 불쾌한 인상으로 공포와 혐오감을 주는 저주받아 마땅한 악마의 적자였다.

살인자 하이드는 수사관에게 쫓기다가 결국엔 지킬 박사의 실험실에서 자살로 그의 인생을 마감한다. 인질로 잡혀 있을 지킬 박사를 구하기 위해 수사관은 잠긴 문을 부수고 실험실에 들어갔지만, 하이드의 시체만 있을 뿐 지킬 박사는 존재하지 않았다. 두 얼굴을 가진 사나이, 지킬 박사와 하이드는 한 사람이 두 인생을 산 것이다.

1886년 출간된 이 소설은 인간 내면의 탐욕과 호기심, 그리고 이중적인 선악의 본질을 치밀하게 파헤친 작품이다. 지금까지도 영화, 연극, 뮤지컬, 만화 등 다양한 장르로 재해석되며 널리 사랑받고 있다. 출간 당시에도 큰 반향을 일으킨 베스트셀러였다. 저자 로버트 루이스 스티븐슨은 그의 고향, 에든버러의 시민들이 존경했던 인물, 윌리암 브로디의 실제 이중적인 삶을 (밤엔 도둑과 거짓으로, 낮엔 친절한 신사로) 토대로 이 소설을 썼다고 한다.

요즘 한국 뉴스를 보면, 지킬 박사와 하이드를 새로운 장르로(현대 정치극에) 리메이크한 것 같은 착각이 든다. 잘생긴 얼굴, 훤칠하게 큰 키, 멋진 외형, 지식인으로 존경받는 그의 모습은 분명 지킬 박사를 연상케 한다. 그러나 벼슬자리를 향한 탐욕과 자기중심적 성취욕, 이기적인 변명, 불리한 것은 모르쇠로 일관하는 행동은 뻔뻔스런 위선자 하이드를 연상케 한다.

분명 주인공은 하나인데 그의 삶은 둘이다. 그 주인공 하나를 놓고

> 집단최면은 '내 편'의 집단심리에서 만들어진다. 지금 한국은 집단최면의 최대 효과를 전 세계에 보여 주고 있다. 사건의 핵심은 '바름'과 '그름'을 구별하는 것이다. 참과 거짓의 판별이 상실되고, 진영논리와 세勢 대결로 치우친다면 이는 나라의 비극이다. 대다수 국민은 이념보다 나라를 더 순수하게 사랑한다.

두 진영으로 갈려서 외쳐 대는 구호는 어떤가? 인간사회는 다면적이고 이율배반적인 별개의 인자들로 구성된 집단이라는 생각을 지울 수 없다.

잘 포장된 음식이라도 한쪽 구석에 곰팡이가 발생하면 삽시간에 전체로 오염되듯이, 한 가정의 구성원 중에 하나가 비상식적이면 금방 전체 가족으로 전염되어 구성체 전부가 비상식화하기도 한다. 집단최면? 이것은 이성적 판단에 의한 것이 아니라 감성적인 내 편의 집단심리에서 만들어진다고 한다.

지금의 한국은 집단최면이 극대화된 모습을 전 세계에 보여 주고 있는 나라가 되었다.

사건의 핵심은 '바름正'과 '그름邪'을 구별하는 것이다. 참과 거짓의 판별이 상실되고, 진영논리와 세勢 대결로 치우친다면 이는 나라의 비극이다. 대다수 국민은 이념보다 나라를 더 순수하게 사랑한다.

역대 미국 대통령 중 아직도 가장 존경받는 지도자로 링컨 대통령이 뽑히고 있는 건 왜일까?

남북전쟁이 마무리되고 백악관 행사에서 링컨 대통령은 승리한 북부보다 패한 남부를 향해 용기와 격려를 주면서 결코 보복이 없을 것을 천명한 후, 남과 북에 공평한 리더십을 발휘했다.

그는 자기를 '긴팔원숭이'라고 조롱했던 정적 에드윈 스탠턴을 반대를 무릅쓰고 국방부장관에 중용했다.

군주에게 가장 든든한 요새는 국민들의 지지와 사랑이다.

— 미주중앙일보 LA판, 2019. 10. 19

'얼굴값'을 치르며 사는 인생

　요즘 한국에서는 MBC-TV에서 방영되는 미스터리 음악 쇼, 〈복면가왕〉 프로가 대단한 인기를 얻고 있다. 이 프로가 인기를 끄는 이유는 복면 뒤에 감춰진 가수의 얼굴이 시청자들에게 궁금증을 불러일으키고, 가수 자신은 인지도의 편견에서 벗어나 순수 노래 실력으르만 자신의 진정성을 어필하게 되니 노래의 품질을 한층 더 높일 수 있기 때문이다.

　이렇게 얼굴을 가릴 때 얻는 장점도 있지만, 얼굴은 한 인격체의 이미지이며, 신원을 확인시키는 간판이다. 지구상에 존재하는 약 77억 명의 인간들에겐 신기하게도 동일한 얼굴이 하나도 없다.

　얼굴에는 무슨 의미가 있을까? 부끄러운 짓을 했을 때, 얼굴을 붉히거나, 얼굴을 들지 못하는 것은 왜일까?

'얼굴'은 순수 우리말이다. 얼굴의 고어는 얼골이다. '얼'은 '정신, 마음'을 뜻하고, '골'은 '고이다'의 명사이다. 얼굴은 정신이 고여 있는 곳이다. 정신이 빠져나간 상태를 얼빠지다, 얼떨떨하다, 얼떠름하다, 라고 한다.

'얼굴'은 순수 우리말이다. 얼굴의 고어는 얼골이다. '얼'은 '정신, 마음'을 뜻하고, '골'은 '고이다'의 명사이다. 얼굴은 정신이 고여 있는 곳이다. 정신이 빠져나간 상태를 얼빠지다, 얼떨떨하다, 얼떠름하다, 라고 한다.

얼이 빠진 사람을 얼간이, 얼뜨기, 얼빙이, 얼치기 등으로 표현하고, 얼굴이 예쁜 사람을 '얼짱'이라고 한다.

'낯짝'은 얼굴의 비속어다. 얼이 빠져서 부끄러운 줄 모르는 얼굴을 낯짝이라 부른다. 우리 속담 중엔 '낯짝이 두껍다', '족제비도 낯짝이 있다', '벼룩도 낯짝이 있다'라는 말이 있다. '낯짝빼기'(충청도), '상판때기'(황해도), '나짝'(전라도) 등 얼굴에 대한 지방 사투리들도 많다.

미국 사람들도 'Thick skinned.(낯짝이 두껍다)'란 말을 종종 쓴다.

얼굴에 관한 연구보고서는 '얼굴 표정은 인간의 감정과 정서를 표현하는 무언의 진실된 표현'이라고 했고, 얼굴은 약 80개의 근육으로 형성되어 있어서 그 근육으로 약 7,000가지의 표정을 짓게 된다고 했다. 인상학에선 '얼굴 표정에서 그가 진술하는 말이 진실인지 거짓인지의 심리적 상태가 파악된다.'고 한다.

중국 고사성어에 '후안무치厚顔無恥'라는 말이 있다. 하夏나라의 왕, 태강은 정치는 돌보지 않고 사냥만 하다가 이웃 나라에게 침략당해 비참하게 죽었다. 이에 태강의 동생들은 나라를 망친 형을 원망하는 노래를 지었는데, 막내동생이 지은 가사에 '백성들은 우리를 적폐 원수라 하니, 장차 누구를 믿고 살아갈꼬. 서럽다, 낯이 두껍고 부끄러워서 못 살겠구나.' 즉, '낯가죽이 두꺼워서 부끄러운 줄 모르는 뻔뻔스런 사람'을 말한다.

『논어』에는 '교언영색巧言令色'이란 사자성어가 있다. '남의 환심을 끌기 위해 교묘한 말로 꾸미고, 순박한 척 얼굴표정을 짓는 사람', 즉 족제비 낯짝을 가진 자를 뜻한다. 멀쩡하던 사람도 정치에 입문하면 교언영색해지고, 또 권력에 근접할수록 후안무치가 되는 것은 왜일까?

정치나 권력의 자리에서 내려온 뒤, 그는 과연 어떤 모습으로 변할까? 어떤 색의 카멜레온이 되어 또다시 세상 앞에 설까?

마크 트웨인은 '인간은 얼굴을 붉히는 유일한 동물이며, 부끄러움과 수치심을 느끼는 윤리적 존재'라고 했다.

링컨 대통령은 '태어날 때의 얼굴은 부모가 만들어 주었지만, 성장하면서 본인의 생각과 행동이 표정으로 발현되기 때문에, 40세가 넘으면 자기 얼굴에 책임을 져야 한다.'는 말을 남겼다.

누구나 잘못과 실수를 하면서 살아간다. 결국 인생은 얼굴값을 치르며 산다는 것을 명심해야 할 것 같다.

― LA중앙일보, 미주판 20면, 2019. 11. 5

'나잇값'을 해야 어른이지

　흐르는 시간을 멈출 수 없듯이 먹는 나이를 거절할 수가 없다. 한 달 후엔 누구나 한 살씩 또 나이를 먹게 된다. 사람뿐 아니라 세상 만물에도 한 살씩 보태진다. 나무는 줄기에 나이테 하나가 더 굵어지고, 대나무는 마디 하나가 더 길어지고, 물고기는 무늬와 비늘에 성장선 하나가 더 늘어 간다. 반려동물들은 이빨 상태로 나이를 추정한다. 이빨 역시 한 살을 더한다.

　바야흐로 우리 인생에 '100세 시대'는 당연한 운명처럼 다가왔다.
　철학자 김형석 교수는 그의 최근 저서 『백년을 살아보니』에서 '인생의 황금기는 60~75세 사이로 믿으며, 사람이 성장하는 동안은 늙지 않으며, 우리는 매일매일 조금씩 죽어 가는 것이 아니라 위엄 있게 삶을 즐기며, 사랑이 있는 고생을 증거하는 노인이 되어야 하고, 나는 그런 어른들을 만나고 싶다.'고 고백했다.

  김 교수가 최근 가장 많이 받는 질문은 '장수의 비결이 뭔가요?' 그는 '건강 자체가 인생의 목적이 아니기 때문에 특별한 건강관리는 없었고, 내가 해야 할 일들이 나의 건강을 지켜 주었다.'라고 대답했다.

  어느 장수마을에 갔더니 100세가 훨씬 넘어 보이는 어른이 계셨다.
  "장수의 비결이 뭡니까?"
  물었더니,
  "안 죽으니까 오래 살지!"
그의 대답은 간단했다. 다시 질문하기를,
  "올해 연세가 어떻게 되세요?"
  "이제 겨우 일곱 살!"
  "네? 무슨 말씀이세요?"
  "100살은 무거워서 집에다 두고 다녀!"
  이렇게 낙천적이고 긍정적인 생각이 이 어른의 장수 비결이라는 유머가 있다.

  필자는 P 양로보건병원에서 약 5년간 봉사자로 일했다. 그곳엔 100세 정도, 또는 100세가 넘은 노인들이 휠체어에 앉아서 매일매일 병원의 시간표에 따라 생활한다. 봉사자들은 그곳에 계신 노인들의 자녀들이거나 목사, 장로, 집사들로 구성되어 내세의 소망과 믿음을 심어 주고 즐거움과 웃음을 드리려 애쓴다.

요즘 젊은이들은 노인을 '어르신'과 '늙은이'로 구분한다고 한다. 가진 것을 나누려는 노인은 '어르신'이고, 아직도 채우려는 욕심을 부리는 노인은 '늙은이'다. 젊은 사람에게서도 배우겠다는 겸손한 분은 '어르신'이고, 배울 만큼 배웠다고 자만하는 분은 '늙은이'다.

그곳 노인들의 얼굴엔 '자신에 대한 책임, 가족에 대한 책임, 이웃과 사회에 대한 책임, 무수한 책임들'을 짊어지고 살아온 고독의 잔주름이 드리워져 있다. 무거운 책임을 지고 한평생 걸어온 그들의 모습에서 '노인은 존경받아야 마땅하구나!'를 느꼈다. 나잇값은 곧 책임의 무거움이었기 때문에.

요즘 젊은이들은 노인에 대해 '어르신' 또는 '늙은이'로 구분하는 기준이 있다고 한다.
가진 것을 나누려는 노인은 '어르신'이고, 아직도 채우려는 욕심을 부리는 노인은 '늙은이'다.
젊은 사람에게서도 배우겠다는 겸손한 분은 '어르신'이고, 배울 만큼 배웠다고 자만하는 분은 '늙은이'다.
한마디로 나잇값을 하는 분을 '어르신'이라고 부른다.

공자는 『논어』에서 나잇값에 대해 이렇게 가르쳤다.
"나는 열다섯 살에 학문에 뜻을 두었고[志學], 서른 살에 내 자신의 입장을 확고하게 세웠으며[而立], 마흔 살에는 미혹에 빠지지 않았고[不惑],

쉰 살에는 하늘이 명하는 바가 무엇인지 알게 되었으며[知天命], 예순 살에는 남의 말이 순수하게 들렸고[耳順], 일흔 살이 되어서는 구엇이든 하고 싶은 대로 하여도 도리에 어긋나지 않게 되었다[從心所欲不踰矩]."

나잇값이란 살면서 자기 나이에 걸맞는 말과 힝동을 해야 한다는 뜻이다. 나이를 먹은 만큼 삶의 태도와 깊이도 함께 성숙해져야 한다. 특히 지도자나 지식인이 나잇값에 걸맞은 언행을 못 할 때, 그들의 신뢰와 리더십은 땅에 떨어지고 만다.

한 해의 석양夕陽 목전에서 나 자신은 나잇값을 하며 살았는지? 바둑판을 복기하듯 성찰해 본다.

― 미주중앙일보 LA판, 2016. 11. 20

더 높이 날아야 먼 곳을 볼 수 있다

"닭 모가지를 비틀어도 새벽은 온다."

이 유명한 말은 고故 김영삼 대통령이 1979년 유신정권에 항거하다 국회의원직에서 제명되고 가택연금을 당하자 그가 발표한 성명서에 나온 말이다. 새벽에 닭이 울지 못하게 수탉의 모가지를 비틀어도 새벽은 기어이 열리고 새날이 밝아온다는 표현이다.

전통적으로 닭 울음소리는 새벽을 알리는 알람이다. 새벽은 새날의 첫 상징이자 시작이다.

2020년도 새벽닭 울음소리에 어둠이 걷히고 동이 트면서 마음 설레는 새해가 밝았다. 똑같은 나날들의 연속인데, 새해라는 말로 특별한 의미를 부여하는 이유는 무엇일까? 뭔가 마음의 각오, 소망, 목표, 새로운 출발, 도전, 시작 등등 긍정적이고 진취적인 삶으로 향하려는 자기 변화의 출발점으로 삼으려는 마음의 다짐을 새기는 시간이 곧 새해일 것이다. 정부는 새해 국정 구상을 발표하고, 기업은 연간 목표 수익 실천을 다짐하고, 가정은 새해 가훈을 세운다.

이탈리아 중북부의 토스카나Toscana주에는 두 도시, 피렌체Firenze와 시에나Siena가 인접해 있다. 고대에는 각각 '피렌체공화국'과 '시에나공화국'이라는 도시국가로 존재하며 상호 경쟁관계에 있었다. 끊이지 않는 영토분쟁으로 전쟁이 빈번했고, 그로 인해 경제는 낙후되고 백성들의 희생도 점차 늘어났다

결국 이들은 평화협정을 맺기로 했다. 문제는 양국의 영토 국경선을 어떻게 정하느냐였다. 이리하여 짜낸 묘안이 새해 첫날 새벽에 첫 닭이 울 때, 양쪽 나라에서 각각 말을 탄 기병이 출발하여 만나는 지점을 국경으로 정하기로 했다. 기병의 출발은 상대 국가에서 파견된 감독이 지켜보기로 했다.

시에나국은 크고 힘센 흰 닭을 구해 모이를 잘 먹였다. 그래야 새벽 일찍 깨어 우렁차게 울어 걸 것으로 여겼다. 한편 피렌체국은 작고 검은 닭을 구해 모이를 조금씩 먹였다. 배고픔 때문에 새벽에 일찍 일어나 울 것이라 생각했기 때문이다.

시에나국 감독이 지켜보는 가운데 검은 닭의 새벽 울음소리를 듣고 달리기 시작한 피렌체의 기병이 40여 킬로미터쯤 달려갔을 때, 시에나의 기병은 겨우 10여 킬로미터를 달려와 마주쳤다. 이 결과 피렌체는 시에나보다 훨씬 큰 면죄의 영토를 차지하여 토스카나주 최대 도시가 되었다.

새해 벽두의 닭 울음소리 대결 결과는 피렌체의 판단이 적중했다.

똑같은 나날들의 연속인데 '새해'라는 말로 특별한 의미를 부여하는 이유는 무엇일까? 뭔가 마음의 각오, 소망, 목표, 새로운 출발, 도전, 시작 등등 긍정적이고 진취적인 삶으로 향하려는 자기 변화의 출발점으로 삼으려는 마음의 다짐을 새기는 시간이 곧 새해일 것이다.

피렌체의 와이너리에서 생산되는 '끼안띠 와인(Chianti Wine)'의 상표 라벨에는 검은 닭이 그려져 있다.

이 얘기는 새해의 출발을 맞이하는 우리에게 지혜를 어떻게 동원해야 하는가에 대한 교훈이 되고 있다.

새해는 피렌체의 기병처럼 인생사에서 너와 나 사이의 영역을 더 넓히려고 달려 나가는 출발점이다. 인생사는 늘 이상과 실천이 서로 얽혀서, 더 높고 넓은 또 하나의 현실을 만들면서 발전하고 성장해 왔다. '높이 나는 새만이 멀리 볼 수 있다.'는 리처드 바크의 말처럼, 자기 영역과 유익만을 추구하지 않고 이웃을 살펴 사랑하고 나누는 자가 더 높이 날아올라 멀리 볼 수 있는 인생을 소유할 수 있을 것이다.

새해에는 더 높이 날아올라 더 멀리 바라보는 인생을 장만해 보자.

가톨릭 시인 구상 선생의 시 「새해」를 소개한다.

> 내가 새로워지지 않으면
> 새해를 새해로 맞을 수 없다

내가 새로워져서 인사를 하면
이웃도 새로워진 얼굴을 하고

새로운 내가 되어 거리를 가면
거리도 새로운 모습을 한다

지난날의 쓰라림과 괴로움은
오늘의 괴로움과 쓰라림이 아니요
내일도 기쁨과 슬픔이 수놓겠지만
그것은 생활의 율조될 따름이다

흰 눈같이 맑아진 내 의식은
이성의 햇발을 받아 번쩍이고
내 심호흡한 가슴엔 사랑이
뜨거운 새 피로 용솟음친다

꿈은 나의 충직과 일치하여
나의 줄기찬 노동력은 고독을 쫓고
하늘을 우러러 소박한 믿음을 가져
기도는 나의 일과의 처음과 끝이다

이제 새로운 내가

서슴없이 맞는 새해

나의 생애, 최고의 성실로써

꽃피울 새해여!

— 미주중앙일보 LA판, 2020. 1. 2

교통수단의 발달이 불러온 전염병 확산

　옛날 교통수단은 가까운 마을과 마을을 잇는 정도의 왕래만 가능케 했다. 따라서 전염병은 일정 지역에만 한정되었고 나라 전체나 외국으로 확산되는 일은 거의 없었다. 전염병 집중 관리가 쉬웠다.
　20세기에 시작된 교통수단의 발달은 인류의 여행을 쉽고 편하고 빠르게 했고 대량 이동을 가능하게 만들었다. 그러나 이 같은 발전은 다수의 다국적 여행객들을 통해 전염병이 인접 국가와 전 세계로까지 퍼지는 불행의 원인이 되었다.

　엄청난 자본이 투입되는 항공기나 크루즈 선박은 운항 가동률을 높여야 한다. 요즘 세계적인 전염병으로 각국마다 여행금지령이 내려졌고 대부분 항공기들은 공항 주기장을 가득 채운 채 그라운딩 상태에 놓여 있다. 크루즈 선박도 여행객들의 집단 감염으로 운항을 중단한 채 항구에 붙잡혀 기약 없는 '연금' 상태로 들어갔다. 특히 세계 관광산업은 급성장한 국력을 바탕으로 씀씀이가 큰 수천만의 중국 여행객들에게 의존해 오다가 '코로나19' 확산으로 직격탄을 맞았고, 관련된 다른 산업도 심각한 타격을 입고 있다. 생필품과 의료장비 등을 운송하는 택배만 바쁘게 운행되고 있는 형편이다.

항공기들을 공항에 그냥 그라운딩시켜 놓을 것이 아니라 전염병 퇴치의 장기전에 대비해야 한다. 앞으로 국가 간에 전개될 식량, 구호품, 의료품의 분배와 의사, 간호사, 약사의 지원 이동을 위해 항공기를 활용해야 한다. 한시적으로 객실은 최소화, 화물칸을 최대화하여 화급한 국제간 운송을 담당할 준비를 해야 할 것이다.

『조선왕조실록』에 보면, 역병疫病이 창궐한 횟수가 79회나 된다. 당시는 전염병을 역병이라 불렀다.

전염병으로 10만 명 이상이 사망한 경우도 6차례나 되었고, 가장 많은 사망자가 나온 때는 50만 명에 이르렀다는 기록이 있다. 이는 조선시대 인구를 약 1,000만으로 추정할 때, 전체의 5%에 해당한다.

중종 때(중종20, 1525년) 조정에서는 평안도 전 지역에 역병이 퍼지자 치료 처방으로 의서『간이벽온방』을 발간하여 백성들에게 배포하기도 했다. 역병의 예방과 치료에 대해 백성들이 알아야 할 간단한 사항들이 수록돼 있었다. 선조와 광해군 때에도 역병이 창궐하자 이 책을 다시 인쇄해서 배포했다.

인간의 편리를 위해 발달해 온 교통수단이 바이러스 확산에 일조하는 것을 보면서 문명발달의 딜레마를 생각해 본다. 그러나 답이 없는 문제는 없다. 올라가면 내려오고, 시작이 있으면 끝이 있는 것이 세상사요 인간사의 규칙이다. 코로나19의 해결책도 머지않아 반드시 마련될 것이다.

『조선 회상』에는 당시 조선에 폐병 환자가 얼마나 많았는지 인구 5명당 1명꼴이었다고 기록되어 있다. 특히 서울과 평양지역에 결핵환자가 많았고, 마땅한 치료약도 없었지만 병의 원인이 악귀가 내린 병이라 믿어서 부자들은 무당을 불러다 굿을 했고, 서민들은 서낭당을 찾아 고사를 지냈다.

『조선 회상』은 1893년 서울에서 태어난 조선 최초의 부부 의료선교사의 아들, 닥터 셔우드 홀이 쓴 책이다. 그는 16세까지 서울에서 성장하다가 조선의 결핵을 퇴치하기로 결심하고 캐나다로 건너가 토론토 의과대학을 졸업했다. 이후 미국 뉴욕의 롱아일랜드 홀츠빌 결핵요양소에서 결핵 전문의로서 수련했다. 그 후 부인 닥터 메리언 홀과 함께 다시 조선으로 돌아와 결핵 퇴치를 위해 1926년 황해도 해주의 해변에 최초로 결핵요양병원을 설립해 결핵 퇴치와 의학교육에도 많은 공헌을 남겼다. 부모의 대를 이어 의료선교사로 헌신한 닥터 홀의 가족들(3대, 6명)은 서울 양화진 '외국인선교사묘원'에 묻혀 있다.

과학문명이 발달하고 의학기술이 눈부시게 진화를 거듭했는데도 바이러스 질병에는 특별한 처방이 없다. 오랫동안 인류를 괴롭혀 온 감기에 대한 치료약이 없어서 감기로 시달리고 있는 것 역시 바이러스에 의한 질병이기 때문일 것이다.

지금까지 밝혀진 바이러스는 약 5,000종이 넘는다고 한다. 바이러스는 종류에 따라 감염되는 숙주 생물이 다르기 때문에 함께 사는 애완견이 인간의 감기 바이러스에 감염되지 않는다.

전 세계로 빠르게 확산되는 코로나19를 막지 못해 모든 나라들이 전전긍긍하는 모습을 보면서, 미래의 바이러스 변종 증식을 과연 인간의 과학지식으로 퇴치시킬 방법을 찾아낼 수 있을까? 궁금해진다.

인간의 편리를 위해 발달해 온 교통수단이 오히려 바이러스 확산에 일조하고 있다는 사실을 보면서 문명발달의 딜레마를 다시 생각해 본다. 답이 없는 문제도 없고, 끝이 없는 사건도 없다. 올라가면 내려오고, 시작이 있으면 끝이 있는 것이 세상사요, 인간사의 규칙이다. 빨리 코로나19의 해결책이 마련돼 이전의 일상으로 돌아갈 수 있기를 바란다.

— 미주중앙일보 LA판, 2020. 3. 26

바다를 떠다니는 종합병원

'Ambulance(앰뷸런스)'는 프랑스어로 '야전병원' 또는 '움직이는 병원'이란 뜻이다. 1792년 나폴레옹 군대의 군의관으로 참전했던 외과의사 도미니크 쟝 레리Dominique Jean Larry가 전장에서 부상병들을 후방으로 신속하게 이송하기 위해 마차를 개조하여 구급마차를 만들었고, 이를 앰뷸런스라 불렀다. 당시 전쟁터에서 앰뷸런스는 프랑스군 손실을 최소화하는 데 크게 기여했다.

'앰뷸런스'는 구급차의 세계 공통어로 통한다. 의료용 헬기는 '에어 앰뷸런스' 또는 '닥터 헬기'라 부른다. 앰뷸런스는 이송 중에도 응급처치 요원들이 차내(기내)에서 환자에게 응급처치를 한다. 즉 환자의 기도 확보, 심장박동 회복 등 생명의 위험이나 증상의 현저한 악화 방지를 위해 긴급을 필요로 하는 행위다.

앰뷸런스 내에는 촌개, 기초 의약품, 혈액, 심폐소생기, 기도삽관 등

> 병원선은 많은 환자를 집합적으로 치료하는 앰뷸런스 선박이다. 1차 세계대전 중 영국이 대서양 횡단용 여객선 브리태닉 호를 징발, 병원선으로 개조해 사용한 것이 세계 최초의 병원선이다. 불행히도 전쟁 말기에 독일군의 기뢰에 폭파당해 침몰하고 말았지만….

이 준비되어 있고, 응급처치 요원(2명)도 탑승한다.

　미국은 150년 전 신시내티의 컴머셜 병원이 최초로 민간용 구급마차를 운영했다. 또 구급차는 1899년에 시카고의 미가엘 병원이 최초로 도입했다. 앰뷸런스의 효력이 검증되자 대형 병원과 소방서에도 비치하게 되었다. 지금은 상업(의료 택시)용 앰뷸런스가 많아져서 환자들이 쉽게 이용할 수 있다. 에어 엠뷸런스는 도로교통이 불편한 산간지역, 섬, 홍수재난, 화재 등으로 시간·공간적으로 구급차 이용이 불가능한 경우에 사용된다.

　한국의 앰뷸런스 시초는 1982년이다. 연세대 의대 교수 인요한 박사(Dr. John Linton)의 부친이 교통사고를 당했으나 구급차가 없어 택시를 타고 병원으로 가던 중 사망했다. 이에 충격을 받은 인 박사가 바로 15인승 승합차를 개조하여 앰뷸런스를 만든 것이 최초였다.

　병원선(Hospital Ship)은 많은 환자를 집합적으로 치료하는 앰뷸런스 선박이다. 1차 세계대전 중 영국은 대서양 횡단용 여객선 브리태닉 Britannic을 징발하여 병원선으로 개조해 사용했다. 이것이 세계 최초의 병원선이었다. 불행히도 이 브리태닉은 전쟁 말기에 독일군의 기뢰에 폭파당해 침몰하고 말았다. 브리태닉은 1912년 4월 대서양에서 침몰한 타이타닉Titanic의 자매선이기도 하다.

병원선은 선체를 흰색으로 도장하고 적십자 마크를 크게 표시하여 멀리서도 식별이 가능토록 구별한다. 국제법상 병원선은 공격용 무기나 군사화물을 적재할 수 없고, 대신 폭격 금지의 보호를 받게 되어 있다.

한국에 병원선이 처음 알려진 것은 6·25전쟁 당시 덴마크가 파견한 병원선을 통해서였다. 한국엔 병원 또는 보건소조차 없는 군소 섬들이 많다. 서해와 남해에 흩어져 있는 이들 섬 주민을 위해 병원선 5척을 운영하고 있다. 각 병원선엔 의료진 7, 승무원 8, 총 15명이 승선하여 섬들을 순회하며 보건소급 의료지원을 하고 있다.

최근 한국 해군도 병원선 1척(한산도호)을 진수했다. 환자와 의료진 400명 수용이 가능한 크기이다.

미 해군은 병원선 2척(Comfort, Mercy)을 보유하고 있다. 트럼프 행정부는 코로나 전염병이 심각한 뉴욕과 LA로 이들을 각각 급파해 의료지원을 명령했다.

3월 27일 LA항에 정박한 'Mercy호'는 길이 272m, 폭 32m, 속력 17.5 knot/h, 배수량 65,500톤 크기이다. 의료침대는 응급용 280, 중환자용 80, 경환자용 120, 회복용 20, 일반환자용 500, 총 1,000 beds를 갖추었고, 수술실 12개, MRI, CT, 화상치료실, 물리치료실,

등이 갖추어진 대형 병원 수준과 맞먹는 시설이다. 인적 구성은 의료진 1,150, 선박 운영 60명이며, 현재 함장은 민간인, 병원장은 현역 군의관이 담당하고 있다.

 코로나 환자가 급증해 의료시설이 부족하고 의료진의 피로가 과해지면, 미국 해군 병원선 머시와 컴포트가 의료지원에 나설 것이다. 병원선은 교통수단의 발달이 가져온 큰 혜택 중의 하나다.

— 미주중앙일보 LA판, 2020. 4. 8

코로나 사태 이후 배송시스템의 변화

인류는 예로부터 우편제도를 만들어 이용했다. BC 4000년경 바빌론에서는 편지 배달을 했다는 기록이 발견되고, BC 6세기경 페르시아는 마차를 동원해 우편물을 날랐다는 기록도 전해진다. 고대의 로마제국이나 페루의 잉카에서도 우편제도가 있었다고 하니 우편역사는 인류와 동행한 셈이다.

미국 우정국(USFS : United States Postal Office)은 연방정부 산하의 독립기구이며, 우표를 발행한다. 1775년 5월 동부의 13개 주 대표들이 제2차 대륙회의를 펜실베이니아주에서 개최하였다. 이 회의에서 대륙간에 우편제도의 필요성이 강조되었고, 펜실베이니아의 대표 벤자민 프랭클린(Benjamin Franklin)이 초대 우정국 청장으로 선출되면서 연방 우편조직과 우편법을 갖추게 되었다.

세계 최초의 우표는 1840년 영국이 빅토리아 여왕의 얼굴을 도안으로 우표값 1페니로 발행했다.

우편보다 역사는 짧지만, 배송시스템으로 택배(宅配)가 개발되었다. 택배는 '집으로 배달한다'는 뜻이며, 일본어에서 유래되었다. 일본의 음식점들은 공간이 좁아서 음식을 집으로 배달해 주는 서비스가 일찍부터 발달했다. 이것을 택배라고 불렀다. 요즘도 일본의 골퍼들은 골프장에 갈 때 홀가분하게 대중교통을 이용한다. 골프가방을 택배(왕복)로 보낼 만큼 생활화되어 있다.

한국의 택배는 1992년에 한진이 최초(사업면허 1호)로 시작했다. 초창기엔 엄청난 적자였다. 다행히 그룹 계열사들의 협력으로 생존했고 점차 안정적으로 성장했다.

조선 후기에 파발마(擺撥馬) 제도가 있었으나 파발용 말의 확보가 힘들어 오래 지속되진 못했다. 긴급한 군사정보나 공문서를 보낼 때, 또는 변방에 외적이 침입해 올 때 말을 달려 정보나 문서를 전달했던 제도였다. 서울 서초구에 있는 '말죽거리' 지명은 먼 길을 달려온 말과 마부가 한강을 건너기 전 나룻배를 기다리며 쉬는 동안 말에게 죽을 끓여 먹였다는 곳이다.

미국의 대표적 택배회사는 'UPS'와 'FedEx'로 세계적인 대기업이다. UPS는 1907년에 시애틀에서 창업했다. 113의 역사를 자랑하는 거대기업이다. 현재 약 570대의 화물전용기로 세계 220여 국의 지점

> 최근 코로나19 환자의 '자택 격리령'이 내려지니 어느 누구도 외출하여 필요한 물품을 자유롭게 쇼핑할 수가 없다. '집콕'해 있는 동안 온라인 쇼핑은 생존의 필수불가결이 되었다. 온라인 주문의 급증으로 택배 물량이 폭증하여 택배회사는 지금 호황을 누리고 있다.

망을 연결하고, 약 50만 명의 인력, 92,000대의 차량으로 하루 평균 1,500만 개의 택배를 취급하고 있다.

FedEx는 1973년에 멤피스에서 허브시스템 배송 방식으로 시작했다. 현재 약 670대의 화물전용기로 세계 200여 개 지점망을 연결하고, 약 30만 명의 인력, 43,000대의 차량을 운행하고 있다.

최근 '자택 격리령(Safer at Home)'이 내려지니 어느 누구도 외출하여 필요한 물품을 자유롭게 쇼핑할 수가 없다. '집콕'해 있는 동안 온라인 쇼핑은 수요가 폭증했다.

온라인 주문의 급증으로 택배 물량이 폭증하여 택배회사는 지금 호황을 누리고 있다.

이번 코로나19 사태로 미래의 상거래는 점포에서 인터넷 쇼핑몰로의 전환이 더욱 가속화할 전망이다. 주문은 온라인, 배송은 오프라인의 택배가 수행하니 이들은 바늘과 실처럼 연결되어 있다. 결과적으로 택배서비스의 만족도가 소비자의 다음 온라인 구매에 영향을 미치게 될 것이다.

세계 최대 전자 상거래 업체인 아마존Amazon은 자체 택배시스템을 구축하고 있다. 고객이 주문하면 24시간 내에 상품을 받을 수 있는 프라임 드론 택배(Prime Drone Delivery) 서비스를 제공하고 있다.

미래의 택배 운송수단은 트럭에서 택배용 드론, 또는 택배용 헬기로 대체될 것이다. 드론이나 헬기가 소비자의 가정에 쉽게 접근하도록 아파트나 개인주택의 옥상(지붕) 건축구조도 변화할 것이며, 접수와 발송 우편함도 옥상으로 옮겨질 것이다.

코로나19는 상거래 방식과 이에 따른 배송시스템의 획기적인 변화를 가져올 것이 분명하다.

— 미주중앙일보 LA판, 2020. 5. 7

대통령의 길

문재인 대통령님께 올립니다.

세계적으로 창궐하고 있는 '코로나19' 방역에 불철주야 수고하시는 대통령님께 감사를 드립니다.

고대 중국의 '한비자韓非子'는 '강대국에 둘러싸인 약소국이 비애와 굴욕에서 벗어나려면 군주의 강력한 통치력이 발휘돼야 하며, 그 통치력의 핵심은 '법法, 술術, 세勢'라고 했습니다.

'법'은 만백성이 동일하게 지켜야 할 원칙이고, '술'은 신하의 청렴성과 능력을 검증하는 기술이며, '세'는 군주의 권위와 결단력, 즉 카리스마를 뜻하고 있습니다.

한비자는 특히 '술'을 강조하며, 군주가 신하를 정확히 검증하지 못하면 간신들이 양산되고, 그로 인해 군신 간의 신의가 마비되고, 간신

> 문재인 대통령님께 올립니다. … 대통령께서 취임하실 때, '기회는 평등하고, 과정은 공정하고, 결과는 정의로울 것이며, 약속을 지키는 대통령, 특권과 반칙이 없는 세상, 상식대로 해야 이득을 보는 세상, 나라를 나라답게 만들겠습니다.'라는 국민에 대한 약속을 지금도 기억하십니까?

때문에 군주의 체통과 권위에 타격을 입어 망하게 된다고 했습니다.

대통령께서 취임하실 때,

"기회는 평등하고, 과정은 공정하고, 결과는 정의로울 것이며, 약속을 지키는 대통령, 특권과 반칙이 없는 세상, 상식대로 해야 이득을 보는 세상, 나라를 나라답게 만들겠습니다."

라고 국민에게 하신 약속을 지금도 기억하십니까?

요즘 북한의 어린 김여정이 왜? 아버지뻘 되는 우리 대통령님께 저 질스런 말폭탄을 쏟아내고 있습니까?

그녀의 악담과 행동에 온 국민은 물론 해외동포들까지 수치와 모멸감을 느끼고 있습니다.

남북공동연락사무소가 폭파되던 장면처럼 대한민국의 명예와 국민의 자존심이 폭삭 주저앉고 말았습니다.

국민의 수장首長으로, 국군통수권자로서 대통령님의 결기 있는 강력한 대북 선언을 기대했습니다다만,

"지금은 인내하는 수밖에 없다."

는 말씀은 국민들에게 너무 허망하고 맥이 풀립니다.

평창 동계올림픽 개회식에 김여정을 최고 수준의 환대로 대통령님 옆자리에 앉히고 귓속말을 주고받을 때, 평양 능라도 경기장에서 대통령님의 연설이 김정은 남매와 북한 군중에게 큰 감명을 주었다고 자찬하실 때, 남북 정상 부부가 백두산에 손잡고 올라가서 천지못에 민족의 새 역사, 새 전설을 새겼다고 자랑하실 때, 온 세계가 남북 간의 평화와 통일의 단추들이 제대로 꿰이는구나! 라고 믿었는데….

이제 와서 무슨 일이 잘못되어 남북한이 원수처럼 되돌아갔는지 궁금합니다.

김여정은 금방이라도 군사적 공격을 감행할 태세였는데, 돌연 태도를 바꾼 김정은이 '대남 군사행동 계획들'을 보류한다면서, 준비한 대남 전단지 살포도 중지하고, 휴전선에 설치한 확성기들도 철거한다는데, 갑자기 이들의 태도가 180도로 바뀐 것은 무엇 때문입니까?

그들 남매가 서로 '짜고 치는 고스톱'의 연출인지, 또는 남북 간의 정상끼리 어떤 비밀스런 딜Deal이라도 해서 우선 '보류' 쪽으로 넘긴 것인지? 궁금합니다.

지난 6월 23일 출간된 존 볼턴John Bolton의 회고록 『그것이 일어난 방(The Room where it happens)』은 대한민국의 대북정책들이 거짓과 허구, 짝사랑의 환상으로 설계되었다고 매도했는데, 전부가 사실은 아니겠지요? 백악관에서 해임된 볼턴(전 국가안보좌관)의 책은 보복성으로 트럼프 대통령을 겨냥해 파헤쳤는데, 오히려 청와대가 더 충격받은 듯, 팩트 해명에 더 바쁜 것 같습니다.

군주민수君舟民水, '임금은 배요 백성은 물이니, 강물의 힘은 배를 뜨게도 하지만, 강물이 화가 나면 배를 뒤집을 수도 있다.'는 뜻입니다. 신뢰가 높으면 배의 항해가 순조롭지만, 신뢰가 하락하면 배는 흔들립니다.

백성들은 압니다. 정치가는 늘 적당한 과장, 약간의 거짓, 때에 따라 아첨에 능하다는 것을 압니다. 몇 번의 거짓과 기만은 '도덕성 운운'으로 대충 넘어가지만, 지나치면 폭발합니다.

취임 때 하신 말씀대로 '약속을 지킨 대통령, 공정한 대통령, 소통하는 대통령, 백성의 친구 같은 대통령으로' 존경받는 지도자로 역사에 기록되시기를 충심으로 기원합니다.

— 미주중앙일보 LA판, 2020. 7. 4

현대판 토끼와 거북이

인류가 부족(部族) 집단, 또는 마을(里) 단위로 정착생활을 하면서 주거 공간이 확대되자 상호 왕래의 거리가 점차 멀어졌다. 인간은 태생적으로 걷기(Walking)보다 타는 것(Riding)을 좋아한다. 타는 것 중에서도 기왕이면 빠르고 편한 것을 더 선호한다.

인류는 BC 3500년경부터 바퀴를 만들어 무거운 짐을 이동할 때 사용했다는 기록이 발견되었다.

길이 없던 시절엔 말(馬)을 타고 혼자 다녔으나, 길이 생긴 후엔 마차나 인력거로 여럿이 함께 이동했다.

AD 1500년경 영국과 프랑스는 길바닥에 나무로 된 선로를 깔고, 선로 위에 수레 2~3대를 붙여서 말 1마리가 끌게 했다. 맨땅에서 2마리의 말이 수레 1대를 끌고 가는 것보다 선로를 깔면 말 1마리로 더 많은 수레를 쉽고 빠르게 갈 수 있다는 것을 실험으로 알게 되었다. 당시 이것은 엄청난 발견이었다.

 이 발견이 철도운송의 시초가 되었고, 철도운송은 아직도 미대륙의 최대 대량운송 수단이다.

 대부분 한국사람은 '빨리빨리'에 익숙하다. 성격도 조급하고, 생각도 빠르고, 일하는 속도도 엄청 빠르다. 한국인은 사거리 교통 신호등 앞에서 느긋하게 기다리질 못한다. 빨간불이 초록불로 바뀌기 무섭게 튕겨 나간다. 측면 신호등이 바뀌는 것을 보면서 정면 신호등이 바뀔 것을 미리 예측하기 때문이다.

 식당에도 주문과 음식 나오는 속도를 위해 테이블에 벨이 붙어 있는 곳은 아마도 한국식당뿐일 것이다. 택배 서비스는 또 얼마나 빠른가! 배달민족의 정기를 이어받은 한국의 택배는 '로켓배달'이라 불린다. 인터넷 속도 역시 한국이 세계에서 가장 빠르다. 외국 청년들이 한국의 인터넷에 입을 벌리며 놀란다.

 이런 '빨리빨리 문화'가 우리나라의 '고도 압축 경제성장'을 이룰 수 있었던 원동력이었다.

 이솝Aesop은 동물들을 주인공으로 등장시켜 많은 우화寓話들을 창작해 전파하며, 우화 속에서 지혜와 교훈을 얻도록 했다. 그의 많은 우화 중에 '토끼와 거북이' 이야기가 있다. 토끼는 빠르게 뛰었지만, 거북은 쉬엄쉬엄 기어갔다. 느린 거북이 빠른 토끼를 이긴 것은 '노력'이 '재능'을 앞선다는 교훈을 주고 있다.

음악에 '알레그로'와 '아다지오'가 있듯이, 교통에는 '진행'과 '멈춤'이 있다. 인생에도 빠르게, 느리게, 강하게, 여리게, 쉼표와 붙임표가 공존한다. 코로나19 팬데믹 시대에 속도조절과 강약의 조화로 답답함과 지루함을 잘 넘겼으면 좋겠다.

현대판 '토끼와 거북이' 이야기는 좀 다르다.

굴욕을 당한 토끼는 다음엔 결코 방심하지 않고 한 번에 완주할 것을 작심하며 거북에게 재경주를 제안한다. 거북이는 여유롭게 재시합을 받아 주는 대신 경주 코스를 산, 강, 들, 호수로 다변화하자고 조정안을 낸다.

물을 건너지 못하는 토끼가 실망하며 긴 한숨을 내쉴 때 거북이가, 물을 건널 땐 내가 너를 등에 업고 건너겠다고 하자 토끼는 밝은 표정으로, 그럼 땅에선 내가 너를 앞에서 끌고 가겠다고 대답한다.

서로의 재능을 합쳐 원윈win-win 전략으로 '상생의 시너지 효과'를 얻는 팀플레이를 한다는 이야기다.

나태주 시인의 「풀꽃」은 '자세히 보아야 예쁘다/ 오래 보아야 사랑스럽다/ 너도 그렇다.'

고은 시인의 「그 꽃」 '내려갈 때 보았네/ 올라갈 때 보지 못한/ 그 꽃.'

빠름은 오직 목적지만 보고 숨차게 달리지만, 느림은 목적지로 가는 주변의 꽃을 보고 사색하는 여유가 있다.

"빠름은 인간의 시간(Kairos)이고, 느림은 자연의 시간(Chronos)이다." 라는 말이 있다.

옛날엔 고갯마루에 주막이나 정자를 세워 길 가던 나그네가 땀을 씻으며 쉬어 가게 했다. 요즘엔 고속도로 구간마다 휴게소가 있다. 휴게소는 지친 차량과 바쁜 여행자들의 주막 같은 쉼터다.

바쁘게 달려가던 우리네 인생이 '코로나19' 사태로 별수 없이 집콕이나 재택근무, 마스크 착용, 사회적 거리 두기 등 불편한 환경을 당하고 있다. 이것 또한 인생의 주막에 잠시 들렀다고 위안하면 어떨까?

음악에 '알레그로Allegro와 아다지오Adagio'가 있듯이, 교통에는 '진행(Green)과 멈춤(Red)'이 있다. 인생에도 빠르게, 느리게, 강하게, 여리게, 쉼표와 붙임표가 공존한다.

코로나19 팬데믹 시대에 속도 조절과 강약의 조화로 답답함과 지루함을 잘 넘겼으면 좋겠다.

— 미주중앙일보 LA판, 2020. 9. 11

절대권력은 절대적으로 타락한다

'적폐積弊'란 틀린 일이나 잘못을 거듭한다는 뜻이다. 이를 확실히 끊고 바로잡는 것을 '적폐 청산'이라 한다.

고대 이스라엘에 유경한 왕이 있었다. 어느 날 한 선지자가 왕을 찾아왔다. 선지자는 왕의 의중意中을 떠보려고 의미 있는 이야기를 들려주었다.

"어떤 성읍에 두 사람이 살고 있었습니다. 한 사람은 양과 소를 많이 가진 부자였고, 다른 한 사람은 어린 양 한 마리밖에 없는 가난한 사람이었습니다. 그는 어린 양과 음식도 함께 먹고, 잠도 같이 자는 애완동물로, 자식처럼 애지중지하며 키우고 있었습니다. 최근에 그 부잣집에 손님이 찾아왔습니다. 그 부자는 자기의 양이나 소는 아까워서 잡지 못하고, 한 마리밖에 없는 그 가난한 사람의 어린 양을 빼앗아다가

> 정보화 사회는 누구라도 국민의 눈과 귀를 가리고 음모로 진행할 공간을 결코 오래 부여하지 않는다. … 권력자는 반대편의 의견도 경청하고 민심도 겸손히 살피는 도량이 있어야 한다. 그때는 틀렸어도 이제는 올바르게 가는 것이 나라가 사는 길이다.

잡아서 손님을 대접했습니다."

선지자의 얘기가 여기까지 전개되자, 왕은 더 들을 필요도 없이 크게 격분하며,

"그 악독한 부자를 마땅히 죽여야 하고, 빼앗은 양 한 마리에 대해서는 4배로 배상해 주어야 한다."

고 단호하게 말했다. 그러자 선지자는,

"왕이신 당신이 바로 그 부자 같은 악한 사람입니다!"

라고 큰 소리로 책망했다.

구약성경에 나오는 다윗David 왕과 나단Nathan 선지자의 이야기다.

다윗 왕은 궁궐에 아내가 여럿 있는데도 정욕을 못 이겨 자기의 부하 우리아의 아내 밧세바를 취했다. 밧세바는 임신했고, 왕은 전장에 나가 있는 그녀의 남편 우리아를 소환해 부인과 동침시켜 자기와의 통간을 은폐하려 했다. 그러나 우리아는 전장에서 고생하는 동료들 생각에 동침을 거절하고 충절을 지켰다.

다급해진 왕은 우리아를 고의적으로 최전방에 보내 전사하도록 간접살인을 지시했다. 간음죄에 이어 살인죄까지 저지른 어마무시한 권

력형 범죄였다.

하지만 선지자의 책망이 있은 후, 권력자 다윗은 자기의 범죄를 크게 뉘우치고 올곧게 돌아섰다.

이 이야기의 중요한 교훈은, 권력을 더 이상 남용하지 않고 정직한 사람으로 돌아섰다는 것이다.

매일의 삶 속에서 누구나 실언, 실수, 거짓 등 부끄러운 잘못을 반복한다. 이런 잘못들이 계속 은폐되고 쌓이면 암이 된다. 암의 처방은 암세포가 몸 전체로 분열되기 전에 속히 찾아서 도려내는 수술이다.

요즘 정치권엔 권력의 획책, 권력남용, 권력형 범죄, 비리, 내로남불 등 은닉된 사건들이 얼마나 많은가?

오만한 정권의 병세病勢는 아첨을 좋아하고, 비판을 외면하고, 남 탓으로 돌리고, 자기 독선으로 바뀐다.

정치권력의 특혜를 몇몇 간특한 참모들과 내 편에게 전리품처럼 분배하던 시대는 지났다.

정보화 사회는 누구라도 국민의 눈과 귀를 가리고 음모로 진행할 공간을 결코 오래 부여하지 않는다.

그래서 '절대권력은 절대적으로 타락한다'는 말이 생겼다.

고대 중국의 한비자韓非子는 나라가 망하는 징조를 이렇게 설파했다.

임금의 권위보다 신하의 권세가 더 무거우면 나라가 망하는 첫 번째 징조다.

법령을 무시하고 모략에만 힘쓰면 나라가 망하는 두 번째 징조다.

고관들만 배부르고 백성들이 곤궁해지면 나라가 망하는 세 번째 징조다.

민의를 살피지 않고 좋아하는 사람들과만 소통한다면 나라가 망하는 네 번째 징조다.

임금이 유약하여 좋고 싫음을 표현하지 못하고, 옳고 그름을 결단하지 못하면 나라는 망하고 만다.

다윗은 선지자의 얘기를 경청했다. 그리고 책망을 받아들였다.

권력자는 반대편의 의견도 경청하고 민심도 겸손히 살피는 도량度量이 있어야 한다.

그때는 틀렸어도 이제는 올바르게 가는 것이 나라가 사는 길이다.

— 미주중앙일보 LA판, 2020. 11. 21

제2부

시사 평론

든사람, 난사람, 된사람, 쥔사람

중학시절 도덕 교과서에서 배운 세 가지 유형의 사람, '든사람', '난사람', '된사람'에 대한 생각이 난다.

'든사람'은 공부를 많이 해서 아는 것이 많고 지식과 전문기술을 가진 사람을 말한다.

'난사람'은 인물이 좋고 언변과 처세술에 능해서 명예와 권력을 가진 사회적으로 출세한 사람이다.

'된사람'은 지식이나 언변은 좀 부족해도 인격과 품성이 훌륭해서 덕이 있고 됨됨이가 착한 사람을 말한다.

그 시절 선생님은 든사람이나 난사람도 좋지만, 그보단 된사람이 돼야 한다고 가르쳤고, 우린 그렇게 배웠다.

요즘은 하나를 덧붙인다. '쥔사람', 부모로부터 큰 재산을 물려받은 재벌 2세, 또는 부富를 잡은 사람이다.

이들 넷 중에 어디에도 속하지 못한 무소속은 어떤 사람일까?

요즘 '윤미향'이란 이름이 신문과 방송에 연일 등장하면서 온통 나라가 시끄럽다. 그는 정대협의 사무총장, 상임대표를 거쳐 정의기억연대 이사장까지 두루 역임한 사회운동가의 대표적 존재다.

그는 일본군에 끌려가 위안부로 피눈물 나는 역경을 지닌 한 맺힌 노인들을 위로하고 봉사하며, 실제적 보상을 위해 일하는 단체를 이끄는 천사 같은 사람이었다. 또 비례대표로 6월부터 국회의원이 됐다.

정대협, 정의연은 그 목적이 위안부 피해자들을 돕기 위해 결성된 단체이니 봉사정신이 투철한 된사람들의 모임이고, 윤미향은 그 단체의 상임대표와 이사장을 지냈으니 난사람이다. 또 유명대학교의 대학원에서 공부하여 석사학위까지 취득했으니 든사람임엔 틀림없다.

'재주는 곰이 넘고, 돈은 되놈이 챙긴다.'는 속담이 있다. '고생한 사람 따로, 챙기는 사람 따로'라는 뜻이다. '되놈'이란 단어는 조선시대 청나라 곡마단 구경을 한 사람들이 만들어 낸 말로, 중국인을 비하하는 말이다. '왜놈은 얼레빗으로 대충 긁어 가고, 되놈은 참빗으로 싹싹 쓸어 간다.'라는 말이 있을 정도였다.

위안부 피해자 이용수 할머니는 한 기자회견에서,

"지난 30년간 재주는 곰이 넘고, 돈은 되놈이 챙겼다. 속을 만큼 속았고, 당할 만큼 당했다."

고 억울했던 감정을 드러냈다. 여기저기 행사마다 데리고 다니면서

> 언론의 사명에는 부정과 부패를 고발하고 합리적 의심과 병든 사회를 빨리 정화시켜야 할 역할과 책임이 있다. 시민들과 학생들의 시위와 집회로 사회의 부정, 불의가 고발된 후 고쳐진다면 언론은 존재할 가치가 없다.

모금한 돈을 윤미향의 개인계좌로 받았는데 이제 와서 어디에 썼는지 모른다니, 속담의 곰과 되놈의 관계가 딱 맞아떨어진다.

지난 30년 동안 정의를 팔아 돈과 명예를 챙긴 사람들이 있었다. 그러나 우리 사회는 그 누구도 진실에 관심을 두지 않았고, 알고도 외면했다. 명예와 위선으로 정교하게 포장된, 말하지 않는 사각지대였다.

얼마 전엔 대학교수 부부가 자기 딸, 아들의 입시에 거짓, 위조, 불법, 부정을 저질러 세상을 시끄럽게 했다. 교수는 많은 공부로 학식과 인품을 겸비한 사람으로 대학에서 제자를 육성하는 선생이다. 소위 든사람의 대표다.

그는 교수에서 청와대 민정수석을 거쳐 법무부장관에까지 임명되었으니 또한 난사람의 대표 주자였다.

비록 반대자들의 대규모 시위와 여론의 공격으로 결국 장관 취임 35일 만에 사퇴했으나 법정 공방은 진행 중이다.

불의를 보고도, 알고도 감시나 문제를 지적하지 못하는 사회는 이미 병들고 부패한 사회다.

부정에 대한 합리적 의심이 든다면 더 곪기 전에 신속히 해소하거나 치유해야 한다. 그래야만 사회가 건강한 방향으로 나아갈 수 있다.

언론의 사명은 부정과 부패를 고발하고 합리적 의심을 제거하며 병든 사회를 바르게 정화하는 데 있다. 그 역할과 책임은 결코 가볍지 않다. 시민과 학생들의 시위와 집회로 사회의 부정과 불의가 고발된 후 고쳐진다면 언론은 존재할 가치가 없다.

어쩌다가 든사람은 지식으로, 난사람은 권력으로 사리사욕을 채워도 고발은커녕 편을 드는 나라가 되었을까?

미국 속담에 '차라리 늑대에게 양을 맡겨라!(Set Wolf to guard the Sheep!)'라는 말이 있다.

그 옛날 도덕 교사의 '든사람, 난사람보다 된사람이 되라'는 교훈이 자꾸만 떠오른다.

사람은 됨됨이가 관건이다.

— 미주중앙일보 LA판, 2020. 6. 4

권력의 품격과 정권의 수준

기원전 8세기경 북이스라엘에 '아합'이란 왕이 있었다. 그의 궁전 이웃에는 '나봇'이라는 사람이 소유한 아름다운 포도원이 있었다. 왕은 그 포도원이 탐이 나서 나봇에게 팔라고 요청했지만, 나봇은 이 포도원이 조상으로부터 물려받은 유산이라서 팔 수 없다고 거절했다. 아합은 자존심이 몹시 상했으나 강제로 빼앗을 수도 없고 끙끙 앓기 시작했다.

이 모습을 본 왕비 '이세벨'은 포도원을 합법적으로 빼앗을 음모를 꾸몄다. 그 동네에 두 사람의 거짓 증인을 내세워 나봇이 하나님과 왕을 저주하는 것을 들었다고 시켰다.

왕비가 왕의 이름으로 이 사실을 그 성城의 장로들과 지도자들에게 알리자, 지도자들은 곧 재판을 열어서 나봇을 돌로 쳐 죽이는 형벌을 내렸다. 무죄한 나봇은 성 밖으로 끌려 나가 억울한 죽임을 당했고, 그의 포도원은 왕에게 버앗기고 말았다. 소위 인민재판으로 속전속결 처리된 셈이다.

구약성경에 나오는 악독한 아합왕의 이야기다.

권력자가 한 백성의 재산을 빼앗기 위해 거짓 증인을 세워 죄를 조작하고, 권력자의 눈치를 살핀 법관은 신속한 자판으로 선량한 백성을 죽이고, 그의 재산이 왕에게 몰수된 사건이다. 이런 사건들이 오늘날만 존재하는 것이 아니라 기원전 구약시대에도 있었다는 것이 놀라운 일이다.

예나 지금이나 절대 권력자의 말 한마디, 그의 의도는 엄청난 파급력을 지니고 있다.

중국의 모택동이 농촌 순방 중에 벼 이삭을 쪼아 먹는 참새를 보고 참새는 해로운 새라고 한마디 했다. 이 말 한마디가 중국 천지를 뒤집어 버렸다. 바로 '참새섬멸총지휘부'가 설치되고, 참새 소탕의 당위성이 홍보되었다. 10억 인구가 방방곡곡에 독이 든 곡식을 뿌려 참새를 독살하고, 꽹과리를 두드려 참새를 찾아 소탕작전을 벌였다. 결국 참새는 멸종되었지만, 논밭에 해충이 창궐하여 그해 농작물이 초토화했다. 권력자의 말 한마디가 중국의 수천만 명이 굶어 죽는 대참사를 빚은 것이다.

높은 산 위에서 주먹만 한 눈덩이 하나를 밑으로 내려굴리면 산 아래에서는 눈사태를 당하게 된다. '스노우볼 효과(Snowball Efect)'는 권

> 전국시대 한비자는 "지혜로운 군주는 한 번의 찡그림이나 웃음도 아낀다."는 명언을 남겼다. 권력자일수록 자신의 감정이나 말을 함부로 드러내서는 안 된다는 뜻이다. 권력자의 말과 처신은 '권력의 품격'이며, 비서관의 올곧은 생각과 올바른 보좌는 '정권의 수준'이다.

력의 말 한마디에서도 발생하게 된다.

권력자가 한마디를 던지면 보좌진들은 권력자의 의도와 방향에 맞추어 당위성을 꾸미고 계략을 짠다. 국민의 뜻은 아랑곳없고, 진행에 따른 법규가 필요하면 법규 신작新作과 개정으로 일사천리다.

설령 권력자의 말이 없더라도 비서관들은 권력자의 눈치와 기분에 맞춰 아부적 수완을 동원해서 행동에 돌입하는 일이 빈번하다. 요즘 대부분의 뉴스들이 이런 종류의 스캔들이다.

전국시대 한비자韓非子는 '명주애일빈일소明主愛一嚬一笑, 지혜로운 군주는 한 번의 찡그림이나 웃음도 아낀다.'는 명언을 남겼다. 권력자일수록 자신의 감정이나 말을 함부로 드러내서는 안 된다는 뜻이다.

권력자의 말과 처신은 '권력의 품격'이며, 비서관의 올곧은 생각과 올바른 보좌는 '정권의 수준'이다. 1인당 국민소득은 3만 불이 넘어가는데 아직도 '정치는 4류'라는 평가를 듣는다.

아합왕의 최후는 어찌 되었을까?

적국인 아람과의 전쟁터에 아합은 변복 차림으로 병거를 탔다. 적군의 화살을 피하기 위해 잔꾀를 쓴 것이다.

예상대로 아람의 장수들은 왕복王服 입은 자를 쫓아 치열하게 화살을 쏟아부었다.

하지만 아람군 누군가가 무심코 쏜 화살이 아합의 변복 갑옷 틈새를 뚫고 몸에 꽂혔다. 오발誤發이 명중한 것이다. 아합은 치명적인 부상으로 피를 많이 흘리고 죽고, 전쟁은 하루 만에 패하고 말았다.

나봇이 흘린 피를 핥았던 개들이 이번엔 나봇을 죽인 악한 아합왕의 피를 핥았다.

인과응보因果應報는 자기가 저지른 죗값을 나중에 그대로 받는다, 즉 '뿌린 대로 거둔다'는 뜻이다.

권력이 새겨야 할 속담이다.

— 미주중앙일보 LA판, 2021. 1. 30

모빌리티Mobility 혁명의 미래

도심지의 인구와 자동차는 계속 증가 추세인데, 도시 면적과 도로는 늘 한정적이다. 그러니 교통체증은 상습적이고, 주차공간은 부족해 늘 혼잡스럽다. 대도시가 공통적으로 앓고 있는 몸살이다.

이 문제의 해결책은 새로운 모빌리티Mobility(다양한 운송수단)의 개발이다. 이 해법 말고는 다른 방법이 없다. 앞으로 모빌리티 산업이 각광받게 될 이유다.

모빌리티 산업이란 무엇인가?

인간과 사물의 물리적 이동을 가능케 하는 다양한 운송수단들을 개발하여 사용자의 편리와 상호작용, 도심 생활의 원활한 진행을 위한 모든 서비스 과정을 지칭한다.

현재 사용되는 자동차, 오토바이, 자전거 등의 전통적 운송수단은 시대에 뒤떨어진 낡은 것이다. 이런 전통적 운송수단으로는 교통체증, 주차공간 부족, 대기오염, 소음공해, 느린 운송시간, 고 연료비용, 불편한 서비스, 자동 연계수송 지연 등 당면한 문제해결이 불가능하다.

전통적 자동차는 몇 년 내에 사라질 것이 분명하다. 따라서 현존의 자동차 메이커는 생존을 위해 변신이 필요하고, 혁신적 모빌리티 연구와 개발에 올인할 수밖에 없다.

'테슬라Tesla'는 모빌리티 혁신의 단연 선두주자다. 테슬라는 작년에 전기차를 약 41만 대를 판매했다. 금년엔 약 50만 대의 판매목표를 세웠다. 코비 팬데믹 환경에서도 자동차 판매가 증가했고 업계 1위를 유지하고 있다. 주가 총액도 1위다. 혁신의 대가답게 판매와 기업가치, 등 모든 전략에서 1위를 차지했다.

스마트폰의 대명사 '애플Apple'이 2024년까지 자율주행전기차(Apple Car)를 출시한다고 선언했다. 애플은 작은 스마트폰 하나로 인류 생활사에서 가장 폭발적인 변화를 이끌어 낸 기업으로, 그 혁신적인 IDEA를 기반으로 다음 단계엔 '모빌리티의 혁명에 참여한다'고 기업변신을 발표했다.

최근 '현대자동차' 그룹도 '자동차메이커'에서 '스마트 모빌리티 솔루션' 기업으로 변신한다고 발표했다. 모빌리티 산업을 주도하기 위

모빌리티 산업이란 인간과 사물의 물리적 이동을 가능케 하는 다양한 운송수단들을 개발하여 사용자의 편리와 상호작용, 도심 생활의 원활한 진행을 위한 모든 서비스 과정을 지칭한다. 현재 사용되는 자동차, 오토바이, 자전거 등의 전통적 운송수단은 시대에 뒤떨어진 낡은 것이다.

한 '현대 2025전략'도 밝혔다. 즉 '지능형 모빌리티 제품(Smart Mobility Device)'과 '모빌리티 서비스(Mobility Service)'의 양대 사업구조로 전환하겠다는 전략이다.

지능형 모빌리티 제품은 개인용 비행 차량(PAV), 전동 차량(PEV), 특장차량, 다양한 로보틱을 제조하고, 모빌리티 서비스사업은 '도심 항공 플랫폼' 사업과 '모빌리티 주·정차장' 설치에 참여한다는 계획이다. 이를 위해 현대는 2025년도까지 총 61조 원의 거액을 투자한다고 공표했다.

세계 최초로 하이브리드Hybrid(전기+휘발유) 차를 개발한 도요타는 금년부터 전기소형차 약 100대를 생산해 일본 내 법인과 지방자치단체에 공급하고, 2022년부터 일반 소비자들에게 판매한다고 밝혔다.

이미 전기차(PEV)의 대중화는 시작되었다. 전기차의 핵심동력은 배터리Battery의 성능과 품질이다. 짧은 시간 충전으로 더 긴 주행거리를 달릴 수 있는 전기차를 제조하는 것이 기술력이다.

2020년까지 각종 전기차 모델의 1회 충전 후 평균 주행거리는 약 300-400㎞였으나, 최근 도요타는 10분 충전으로 500㎞를 달리는 전고체 배터리를 개발해 특허를 받았다.

모빌리티 산업의 대세는 '친환경차'와 '자율주행차'로 간다. 전통적 하드웨어 자동차메이커들과 실리콘 밸리의 소프트웨어 메이커들 간의 모빌리티 전쟁은 이기 불이 붙었다.

모빌리티의 혁명으로 '나는 차', '자율주행전기차', '사방에 바퀴 달린 차', '높낮이 조절차', 길이 조절차' '지상 지하 입체 주차장' '빌딩옥상 파킹장' 등 시간적 제약과 공간적 한계를 뛰어 넘는 새롭고 다양한 형태가 개발되고 있다. 혁신적인 모빌리티의 등장은 상상만으로도 흥미진진하다.

— 미주중앙일보 LA판, 2021. 2. 24

화성은 제2의 지구촌이 될 수 있을까

 지난달 18일 미항공우주국(NASA)이 발사한 화성 탐사선 '퍼서비어런스Perseverance호'가 화성 표면에 착륙하는 광경을 전 세계인은 숨을 죽이며 TV를 통해 지켜보았다. 착륙에 성공하자 환호가 터져 나왔다.
 탐사선은 지구를 떠난 지 6개월 반, 비행거리 4억 7천만㎞를 날아 화성 대기권에 진입했다. 대기권을 통과해 화성 땅에 랜딩하기까지 7분간은 공포와 긴장의 순간이었다.
 탐사선은 하강 감속용 낙하산을 폈고, 바위나 땅의 충돌로부터 탑재장비 보호를 위해 풍선을 부풀려서 감쌌다. 랜딩 충격으로 튀어 오르기를 여러 차례 반복하며 구르다가 멈추자 NASA 과학자들은 박수를 치고 얼싸안으며 감격스러워 했다.

 『내셔널 지오그래픽』 2021년 3월호는 '화성에 대한 우리의 집착

(Our Obsession with Mars)'이라는 토픽의 기사를 게재했다. 수세기 동안 먼지로 둘러싸인 붉은 행성, 이 행성이 인간들을 매료시켜 왔고, 과학의 발달로 화성에 대해 알면 알수록 그 신비는 더욱 우리의 관심을 끌고 있다.

그것은 지구에서 화성까지의 거리가 현재의 기술로도 비교적 쉽게 탐사선을 보낼 수 있을 정도로 적당하고, 물과 공기도 존재하며, 사계절이 지구와 비슷한 조건을 유지하기 때문이다.

이 잡지가 3월의 주제를 화성(Mars)으로 정한 것은 최근 화성 탐사선에 대한 뉴스 때문인지, 또는 3월(March)이어서 'Mars'를 다룬 것인지는 좀 헷갈린다. March는 Mars에서 파생된 단어이다.

'Mars'는 그리스 신화의 '아레스'를 로마식 명칭으로 바꾼 것으로 '전쟁의 신'이다.

로마인은 밤하늘의 별들 중, 유난히 붉게 빛나는 별을 'Mars'라 불렀다. 이 별이 붉은 것은 전쟁으로 불바다가 되었거나, 전쟁에서 많은 사람들이 흘린 피 색깔을 연상했기 때문이다. 실제로 과학자들에 따르면 화성의 표면은 산화철 성분이 많기 때문에 붉게 보인다고 한다.

이번 탐사선의 임무는 화성에 존재했을지도 모를, 또는 존재하는 생명체의 흔적을 찾는 것이다.

탐사선이 착륙한 곳은 화성의 '네래트바 협곡(Neretva Vallis)' 하류 삼각주 부근이다. 약 30~40억 년 전 강물이 흘렀던 흔적이 있는 지형으로 유기분자와 미생물의 존재를 발견할 수 있을 것으로 기대되는 장미항공우주국은 2024년까지는 달에 유인 탐사선을 보내고, 달 탐사선의 성공을 발판으로 2040년까지는 화성에 유인 탐사선을 보내는 것을 목표로 하고 있다. 태양계에서 지구와 가장 비슷한 환경을 가진 화성, 과연 인류가 그곳에 정착해 제2의 지구촌으로 만드는 것이 가능한 것일까?

소다.

 탐사선은 길이 3m의 자동차 크기로 6개의 바퀴가 달려 있다. 고성능 카메라, 익스텐션 폴, 채취용 드릴과 팔, 레이저, 라이트, 마이크, 수집자료 저장튜브, 소형 헬리콥터 등의 장비가 탑재돼 있다.

 무게 1.8㎏의 소형 헬리콥터는 화성 표면을 동력비행하면서 대기권에서 산소를 뽑아내고, 이 산소가 로켓 추진용 연료와 호흡용으로 사용 가능할지 여부를 실험할 예정이다.

 채취용 드릴과 팔은 암석과 토양에서 유기물 성분을 뽑아 분석한 후, 그 샘플들을 티타늄 튜브에 담아 약속된 장소에 보관하면, 추후에 발사될 탐사선이 이들을 수거하여 지구로 가져오게 된다.

 이번 탐사기간은 최소 화성타임으로 1년(지구타임으론 687일)간으로 계획되어 있다.

 세월 따라 지구도 변하지만, 모든 행성들도 시간 따라 변화를 거듭하고 있다. 미래의 변화가 생물이 생존하기에 좋을지, 나쁠지 예측하긴 어렵지만, 과학은 바른 방향으로 해결해 나갈 것이다.

미항공우주국은 2024년까지는 달에 유인 탐사선을 보내고, 달 탐사선의 성공을 발판으로 2040년까지는 화성에 유인 탐사선을 보내는 것을 목표로 하고 있다.

태양계에서 지구와 가장 비슷한 환경을 가진 화성, 과연 인류가 그곳에 정착해 제2의 지구촌으로 만드는 것이 가능한 것일까?

행성에서 행성으로 이민을 떠나는 미래를 상상해 본다.

— 미주중앙일보 LA판, 2021. 3. 13

배의 일생
— 진수식進水式에서 용광로鎔鑛爐까지

사람은 누구나 한 번쯤 먼바다를 동경한다. 바다 끝이 궁금했다. 궁금했던 먼바다로 연결시켜 준 통로, 즉 배(舟)는 바다 끝의 궁금증을 풀어 주었다.

원시인은 통나무를 이용해 강을 건넜다. 통나무 여럿을 엮은 뗏목을 타고 강을 건너 보니 훨씬 편했다. 그 뗏목에 노(櫓)를 붙여 방향과 속도를 조절했고, 돛을 달아 바람을 이용해 항해를 시작했다.

노 젓는 배(Rowboat), 돛단배(Sailboat)로 진화하면서 '배(Boat)'라는 명칭이 붙게 되었다.

필자는 동해에 접한 항구도시에서 태어났다. 덕분에 어려서부터 배(ship)를 실컷 보면서 자랐다.

어쩌다 항구에 나가 보면 제1부두에는 작은 어선들이 생선 비린내와 함께 따개비처럼 줄지어 붙어 있었다.

제2부두는 해군 전용부두로, 해군함정이 정박해 있는 날엔 헌병들이 그 근처엔 얼씬도 못하게 통제를 했다. 제3부두엔 석탄을 실어 가는 일본 상선들이 늘 대기하고 있었다. 그곳엔 기차로 운송된 수출용 석탄이 산더미처럼 집하되어 있었다. 어쩌다 바닷바람이 부는 날엔 석탄가루 먼지가 온통 하늘을 시커멓게 덮었다. 집집마다 빨랫줄에 널린 옷들은 채 마르기도 전에 재빨리 걷어 들여야만 했다.

그 시절 석탄은 우리나라 외화벌이의 주요 원천이었다.

땅에 인구가 증가했듯이, 바다엔 배도 증가해 왔다. 병원에서 매시간 아기가 태어나듯이, 많은 조선소에서 새 배가 탄생한다. 갓 태어난 아기에게 이름을 지어 주고 호적에 등록하듯이, 새 배에도 이름을 붙여 주고, 이름과 선적船籍(선박의 국적)을 '선박등록처'에 등록해야 한다.

아기의 국적은 부모의 국적이나 출생지 법을 따르지만, 배의 선적은 선주의 편리에 따라 결정된다. 배의 국적을 미국, 영국, 독일 등 선진국을 취하면 좋겠지만, 실제로는 파나마, 바하마, 몰타, 온두라스, 마셜군도, 등 '조세회피국'을 선호한다. 세금이 면제되거나 세율이 낮은 국가들이다.

배는 선미船尾에 자기의 국적 국기를 평생 게양하고 다닌다.

조선소에서 배가 완성되면 바다에 띄우는 진수식(Ship Launching Ceremony)을 거행한다. 진수식은 배를 지은 조선공들의 노고를 격려

> 노후된 선박은 '해체전문조선소'로 넘겨진다. 노후 선박을 분해하고 해체하는 전문가들은 자신들을 '배의 장례지도사'라고 부른다. 노후 선박에 달린 부품들은 수익성을 따져 재활용품, 중고품, 소모품 등 비싼 장기들이 적출된 다음 해체되어 용광로로 들어간다. 인간의 화장火葬과 비슷하다.

하고, 배와 선원들의 항해가 순조롭고 안전하기를 바라는 제사 같은 전통의식이다. 배와 관련된 정부기관, 선주회사, 해운회사, 건조회사, 배의 종사자 등 많은 하객들이 배의 탄생을 축하한다.

식의 마지막 순서에는 배의 세례식이 있다. 주요 인사가 대형 샴페인 병을 들고 선수船首 쪽으로 다가가서 뱃머리에 샴페인 병을 던져 터트리는 의식이다.

사람이 한평생 지나 나이가 들면 노인이 되듯이, 배도 일정한 시간이 흐르면 노인처럼 고령선이 된다.

'인생은 흙에서 태어나 흙으로 돌아간다'는 말처럼, 배도 철판에서 태어나 철판으로 돌아간다.

철판을 자르고 붙여서 블록을 만들고, 이 블록들을 연결하고 조립해서 선박이 만들어진다.

선박은 약 30년의 나이를 먹으면 수명을 마치고 '해체전문조선소'로 넘겨진다. 해체조선소에서 일하는 해체공들은 스스로를 배의 '장례지도사'라고 부른다. 소위 노후선박을 분해하고 해체하는 전문가들이다.

노후선박에 달린 부품들은 수익성을 따져 재활용품, 중고품, 소모품 등 비싼 장기들이 적출된 다음 해체되어 용광로로 들어간다. 인간의 화장火葬과 비슷하다.

의학이 발달해 인간 수명이 많이 늘어났다. 조선 기술도 진보해 강재와 도료의 품질이 고도화되어 배도 수명이 연장되었다. 하지만 경제 상황에 따라 배의 수명은 연장되거나 일찍 퇴출되기도 한다.

21세기는 이미 저출산과 고령화 시대로 접어들었다. 미래의 바다는 '인공지능(AI)'의 '자율운항선박'이 바다를 헤쳐 나갈 것이다.

— 미주중앙일보 LA판, 2021. 4. 16

아메리칸드림의 허상

'아메리칸드림(American Dream)'이란 문구가 일반에 통용되기 시작한 것은 90년 전부터다. 역사가 제임스 트러슬로우 애덤스James Truslow Adams가 1931년에 출간한 『미국의 서사시』에 이 단어가 처음으로 등장했다.

그가 밝힌 '아메리칸드림'은 모든 사람이 부유하고 풍족한 삶을 살고, 개인의 재능으로 열심히 일한 성과에 대해 합당한 보상이 존재하는 꿈의 땅을 의미했다.

최근 제93회 아카데미 시상식이 있었다. 영화 〈미나리〉에서 할머니 역을 맡았던 배우 윤여정 씨가 여우조연상을 수상해 큰 화제가 되었다. 한국 배우가 오스카상을 수상한 것은 처음이다.

1980년대 아메리칸드림을 좇아 미국에 건너온 한인 가정이 아칸소

주 시골 마을에 정착하면서 부딪히는 이민생활을 진솔하게 그린 영화다. 한국인만이 간직하는 인정과 향수, 이민 가족이 겪는 갈등, 부모 세대와 자식 세대와의 이질화된 사고思考, 하지만 가족이라는 동질의식과 사랑으로 화합하는 결말이 시청자들의 가슴을 찡하게 울리는 영화다.

미나리는 생존과 번식이 강해 작은 연못이나 시궁창에서도 잘 자라는 식물이다. 오염된 늪에서도 질긴 생명력으로 적응을 잘하고, 오염까지 정화시켜 주는 환경개선에도 좋은 식물로 평가되고 있다.

한인 이민가정의 끈끈한 가족애, 끈질긴 생명력, 낯선 환경에서의 적응력이 미나리를 닮았다고 해서 영화 제목을 미나리로 정했다고 한다. 정이삭 감독은 이민 1세대는 휴식도 없이 일하고 희생하지만, 2세대에는 '아메리칸드림'을 실현해 미국 사회로부터 인정받기를 기원하는 심정으로 자신의 자전적 스토리를 영화로 제작했다고 밝혔다.

미국의 역사는 사실상 '아메리칸드림'이 이끌어 왔다.

19세기 초 유럽 이민자들은 신대륙에 대한 신비, 토지 소유에 대한 욕심, 부富의 축적이 그들의 '아메리칸드림'이었다. 유럽 이민자들은 대서양을 건너면서 신분제라는 멍에를 바다에 던졌고, 신대륙에 건너와서 평등의 기회를 건졌다.

40년 전 레이건 대통령은 백악관 행정부의 흑인 구성원을 보면서, "모든 미국인은 개개인의 능력이 편견 없이 평가받을 권리가 있으

> '아메리칸드림'은 모든 사람이 부유하고 풍족한 삶을 살고, 개인의 재능으로 열심히 일한 성과에 대해 합당한 보상이 존재하는 꿈의 땅을 의미했다. 미국의 이상理想이며 이민자들의 선망이었지만 세계가 하나의 글로벌 네트워크로 형성되면서 국가 간의 장벽이 흐려진 세계화 시대를 맞아 희석되기 시작했다.

며, 자신의 꿈과 노력이 허용하는 한도까지 뻗어갈 수 있다."
면서 아메리칸드림은 평등한 기회와 사회적 상향 이동을 보장한다고 강조했다.

10년 전 오바마 대통령은 영부인 미셸을 아메리칸드림의 사례로 들었다.

"그녀는 노동자의 딸로 자랐지만, 프린스턴대학과 하버드 로스쿨을 졸업했기에 능력자로 인정받고 사회적 상승을 이루었다."
고 설명했다.

아메리칸드림은 미국의 이상理想이며, 이민자들의 선망이다. 하지만 세계가 하나의 글로벌 네트워크로 형성되면서 국가 간의 장벽이 흐려진 세계화 시대를 맞아 아메리칸드림은 희석되기 시작했다.

미국의 개척정신은 한탕주의로 타락했고, 자수성가로 성공한 신화는 물질만능주의에 빠졌다.

개인의 능력이 이기주의로 변질되면서 공동체 의식은 사라지고, 가진 자와 못 가진 자의 격차가 벌어지기 시작했다. 삶의 질도 점점 낙후되고 있다.

BLM운동은 사회 질서를 무시하고, 곳곳에 홈리스들이 즐비하고, 남부 국경 지역엔 불법이민자 집단이 생계보장 시위를 계속하고 있다. 이를 보면서 이민자들에겐 미국에 아메리칸드림이 아직도 작동하고 있는지 의문이 든다.

마이클 샌델 교수(하버드대)는 최근 출간한 『공정하다는 착각』(2020)에서 '고학력 세습이(대빠 찬스로) 부富의 양극화를 더욱 부추기고, 능력주의가 약자들의 기회마저 빼앗는 능력과 정의가 공존하기 힘든 시대로 돌입했다'고 진단했다.

승자의 오만함과 패자의 굴욕감 사이에 미국 정부는 과연 어떤 정책의 조율로 아메리칸드림을 살려낼 것인지 궁금하다.

— 미주중앙일보 LA판, 2021. 5. 12

판옵티콘에 갇힌 현대인

한 중년 남성이 정신과병원을 찾아왔다.

그는 매사에 적극적이었고 활기찬 사업가였다. 최근 코로나19 사태로 사업을 접었다. 사업을 정리하던 날, 그는 건물주와 임차기간 문제로 심한 말다툼과 압박을 받았다. 그 후부터 건물주에게 매일 감시당하는 것 같고, 그 건물 속에 갇혀 있는 것 같다는 정신적 불안을 털어놓았다.

육체적 괴롭힘, 경제적 피해, 정신적 쇼크 등을 당한 사람은 가해자로부터 자신이 늘 감시당한다는 피해망상증을 갖게 된다. 이를 의학에서는 '망상장애(Delusional Disorder)'라고 한다.

곳곳에 설치된 CCTV, 자동차에 부착된 블랙박스, 손마다 들려 있는 휴대폰 카메라, 하루에도 몇 번씩 만나는 경찰차 등에 둘러싸여 현대인들은 어디를 가든지 나도 모르게 감시를 당하며 살고 있다.

사방팔방에서 오는 감시로부터 자신의 프라이버시를 지키기 위해 울타리 벽은 점점 높이만 간다. 심지어 아파트도 더 높은 층을 선호한다. 호텔의 팬트하우스나 건물의 옥상 루프탑이 비싼 이유가 여기에 있다.

현대인들이 왜 해변으로 휴식을 즐기러 가는가? 거긴 탁 트인 공간, 벽이 없는 바다가 인간에게 멀리 수평선 너머까지 시각적 자유를 제공하고, 감시의 환경에서 벗어나기 때문이다.

등산인구가 증가하는 것도 운동을 겸해 시각적 자유를 누리고 싶은 욕망 때문이다.

'원형 교도소'를 영어로 '판옵티콘Panopticon'이라 한다. Pan은 '모두', opticon은 '본다'라는 그리스어의 어원에서 따 왔다. 두 단어가 합성되어 '모두를 볼 수 있다'는 뜻으로 원형 교도소가 되었다.

영국의 공리주의자 제레미 벤담Jeremy Bentham은 최소의 비용으로 많은 노동자들을 감시, 통제하기 위한 공장 건물을 설계하던 중 엉뚱하게도 원형 감옥을 고안하게 되었다.

그가 고안한 감옥은 원형의 둥근 건물 각 층에 여러 개의 방을 만들고, 각 방에 죄수들을 배치한 후, 각 방을 최대한 밝은 조명으로 밝힌다. 반면 죄수들을 감시하는 간수는 둥근 건물 중심의 타워 꼭대기에 위치하고, 조명은 최대로 어둡게 한다. 그러면 죄수들은 간수가 있는지 없는지 분별이 불가능하고, 타워의 간수는 아래의 수많은 죄수들

> 현대인들이 왜 해변으로 휴식을 즐기러 가는가? 거긴 탁 트인 공간, 벽이 없는 바다가 인간에게 멀리 수평선 너머까지 시각적 자유를 제공하고, 감시의 환경에서 벗어나기 때문이다. 등산인구가 증가하는 것도 운동을 겸해 시각적 자유를 누리고 싶은 욕망 때문이다.

을 쉽게 볼 수 있다는 원리로 판옵티콘을 설계했다.

원형 교도소의 효과는 죄수들의 시선을 내면화하여 자신을 스스로 통제하게끔 하는 위력이 있다.

프랑스의 철학자 미셸 푸코Michel Foucault가 저술한 책 『감시와 처벌』엔 '현대사회는 감시자가 있든 없든, 판옵티콘의 감시효과가 인간 삶에 고통을 준다'고 지적했다. 어떤 특정한 감시자에 의해 진짜로 감시를 당하는 게 아니라, 판옵티콘의 감시효과에 의해서 자유를 침해당하고 있다는 것이다.

누군가에게 항시 감시를 당하며 산다는 건 고통이다. 고통의 정도가 심하면 망상장애의 치료를 받아야 한다.

과거엔 사람이 직접 타워에서 죄수를 감시했다. 죄수가 증가하자 간수를 대신해 '감시 미디어'를 창안해 감옥 각 방을 간접 감시하고 있다. 소위 '정보 판옵티콘(CCTV)'이다.

정보 판옵티콘은 교도소뿐만 아니라, 지구상 모든 공간에 상상을 초월할 정도로 많이 분산되어 항상 감시를 하고 있다. 이것이 결국 우리 자신을 옭아매고 있는 것이다.

  CCTV는 범죄 증거나 범죄 예방이 목적이지만 감시에도 사용된다. 결국은 범죄가 감시를 불러온 것이다.

  감시는 거짓, 악행, 살인, 범죄자들에겐 불안과 고통을 준다. 하지만 선행과 정의, 나눔을 실천하는 사람을 보는 눈은 감동과 고마움을 느끼게 된다.

  성경에 잠언 기자는 '여호와의 눈은 어디서든지 악인과 선인을 감찰하시니라.'라고 기록하고 있다.

— 미주중앙일보 LA판, 2021. 5. 25

노동의 존엄성과 노동자의 가치

"일하기 싫거든 먹지도 말라."

기독교에 지대한 영향을 끼친 사도 바울의 말이다. 바울은 스스로 텐트(장막)를 제작하고 수리하는 일로 돈을 벌어 생계를 유지하면서 복음 전파를 후원했다. 이런 성경의 영향 때문인지 지구상의 기독교 국가들은 비기독교 국가에 비해 대체로 잘사는 것 같다.

자본주의는 '노동은 신성하다'라는 기독교적 실천 윤리를 주장한다. 자본가는 이러한 논리로 노동력을 부단히 촉진시키고, 노동의 대가를 장려하면서 산업화를 확대해 경제를 발전시키고 부국을 만들어 간다. 경제발전은 자본가와 노동자의 합작으로 이룬 결실이다.

대기업은 사기진작 차원에서 노동자를 '인적자원'으로 호명하고 자율성과 높은 보상을 제시해 근로의 의욕을 촉진시킨다.

한편 사회운동가인 폴 라파르그는 그의 저서 『게으를 수 있는 권리』

에서 '노동은 신성하다'라는 자본주의 실천 윤리는 노동자를 착취하기 위해 만든 미화된 허구라고 주장하기도 했다.

노동이란 자기의 생존, 생계, 생활을 위해 정신적·육체적으로 활동하는 모든 일을 말한다. 노동의 대가로 돈(화폐)을 획득하고, 그 돈으로 의식주를 해결하는 것이 곧 경제활동의 기본이다.

흔히들 '노동勞動'은 작업복을 입고 땡볕에 나가 땀을 흘리며 돈을 버는 활동을 연상하고, '일'은 양복을 입고 사무실에 앉아 컴퓨터를 만지며 돈을 버는 활동을 생각하는데, 실제 '노동'과 '일'은 같은 개념이다.

'일'은 순수 우리말이고 '노동'은 한자 표기다. 노勞는 '힘을 쓰다', '동動'은 '움직이다'라는 뜻이다. 두 글자에 모두 힘 력力자가 들어 있는 것은 '일'이란 힘이 드는 활동이기 때문이다.

언제부터인가 우리 사회는 '사무직(White Color Job)'과 '생산직(Blue Color Job)'을 갈라서 보이지 않는 신분의 벽을 만들었다. '직업에는 귀천貴賤이 없다'는 올바른 교육과 사회 인식이 더욱 필요하다.

항만에 나가 보면 수많은 갠트리 크레인Gantry Crane(대형 이동식 기중기)들을 볼 수 있다. 크레인 기사는 지상 70m 고공의 작은 박스 공간에서 밑만 내려다보며 일을 한다. 누가 보아도 숙련된 기술과 주의력이 집중되는 힘든 일이지만, 그는 20만 불 이상의 고액연봉자로 부촌에서 부자들과 함께 여가를 보낸다.

우리 옛말에 '개처럼 벌어서 정승처럼 써라'라는 속담이 생각난다.

노동이란 자기의 생존, 생계, 생활을 위해 정신적·육체적으로 활동하는 모든 일을 말한다. 노동의 대가로 돈을 획득하고, 그 돈으로 의식주를 해결하는 것이 곧 경제활동의 기본이다. 흔히들 '노동'은 작업복을 입고 땡볕에 나가 땀을 흘리며 돈을 버는 활동을 연상하고, '일'은 양복을 입고 사무실에 앉아 컴퓨터를 만지며 돈을 버는 활동을 생각하는데, 실제 '노동'과 '일'은 같은 개념이다.

노동의 존엄성에 대한 인식은 노동자와 자본가 사이의 합리적 약정과 평등이 깨지면서 노동자의 분노가 힘을 모으게 되면서 출발했다. 노동조합이 강해지니 자본가와 정치인들이 합력해 노동의 존엄을 언급하기 시작했다.

역대 대통령 중 빌 클린턴은 '노동의 존엄성'이란 표현을 가장 많이 사용했고, 도널드 트럼프도 '노동의 존엄'을 자주 강조하곤 했다.

60년 전 마틴 루터 킹 목사는,

"언젠가 우리 사회는 청소 노동자(Sanitation Engineer)들을 존경하게 될 것이다. 우리가 버린 쓰레기를 치우는 사람은 의사만큼이나 소중한 존재다. 그 일을 하지 않는다면 냄새와 질병이 창궐할 테니까."

라며 청소 노동도 존엄하다는 것을 설파했다.

그의 말처럼 오늘날 도시 행정의 최우선 순위는 '쓰레기 처리'이며, 청소노동이 환경미화로 격상되었다.

'WM(Waste Management)'은 미국 최대 폐기물 처리회사다. 쓰레기 수거, 운반, 매립, 재활용, 비료생산, 환경미화 등으로 엄청난 수익을 올리고 있다. 기업가치과 브랜드 이미지도 매년 상승 평가되고 있다.

노동자가 없으면 상품도 없다. 택배 기사가 없으면 아마존(On-Line Business)이 존재할 수 있을까?

헤겔은 '노동자는 돈의 문제보다, 노동의 존엄과 노동자의 가치에 대해 인정받기를 원한다.'고 주장했다.

우리 세대는 박봉薄俸의 노동자였으나 한국 산업화의 주역이었다는 자부심을 느낀다.

좋아하는 일, 잘할 수 있는 일, 이런 일들을 감사하는 마음으로 행하는 과정에서 가치도 보람도 찾게 될 것이다.

— 미주중앙일보 LA판, 2021. 6. 23

코로나 사태의 진정한 영웅들

전염병이든 전쟁이든, 그 어떤 것이든 자유를 빼앗긴 공간에서 산다는 것은 감옥이며, 지옥이다.

코로나 팬데믹 비상사태가 선포되자 우리는 마스크 착용, 거리두기, 여행 제한, 재택근무, 식당 출입 금지, 교회 예배 금지, 군중집회 불가 등 자유를 제한당하고 강요된 규범 생활에 어언 16개월을 참고 살아왔다.

알베르 카뮈Albert Camus는 프랑스 식민지 알제리 출신으로 1957년 44세의 젊은 나이로 노벨문학상을 수상했다. 그의 수상작은 잘 알려진 장편소설 『이방인(The Stranger)』이었다.

그가 1947년에 쓴 전염병 재난소설 『페스트』는 흑사병의 공포로 인간 삶의 파괴를 실감 나게 그리고 있다. 그 소설의 내용이 74년이 지난 오늘의 코로나 사태를 예견했거나 미리 알고 집필한 것이 아닌가 생각할 정도로 현 상황과 비슷해서 소개해 본다.

알제리 해안 도시 오랑Orang시에서 피를 토하며 죽은 쥐 데가 여기 저기서 발견된다. 의사 리외는 이것이 '페스트'의 초기 징조라 진단하고, 정부 당국에 페스트 전염의 심각성을 알리고 대비책을 요청한다.

정부는 반신반의하며 지체하다가 환자들이 급증하고 사망자가 발생하자 비로소 페스트 비상사태를 선포한다. 방역 체제로 도시 출입을 봉쇄하자, 시민들은 공포와 혼란에 빠진다.

정부의 방역팀은 우왕좌왕 방역시간을 놓치고 환자 격리 시체 처리, 도시 출입 통제의 곧 권력 외엔 아무런 대책이 없었다.

의사 리외는 시간이 생명을 구한다는 사명감으로 환자 치료와 방역 퇴치에 페스트와 과감히 맞서 싸운다. 공포와 죽음의 도시에 갇힌 시민들은 속수무책, 파리 목숨을 달고 일상을 견딘다. 하늘의 구원을 구할까 교회로 달려갔지만, 신부는 페스트가 사악한 인간들에게 내린 하나님의 징벌이니 회개하라고 설교한다.

사회적 재난을 기회로 독과점, 밀수, 밀매로 자기의 이익만을 챙기는 얌체족과 범죄자도 발생한다. 그들은 도시의 전염병이 더 오래 지속되기만을 바란다.

페스트를 태워 죽인다면서 환자의 집을 방화하는 사건, 빈집을 털어 가는 약탈 사건 각종 테러 사건 등 무질서의 도시 오랑시는 결국 폐쇄되고 만다.

카뮈의 소설 『페스트』의 주인공인 의사 리외가 공익을 위해 자신을 희생했던 것처럼, 코로나 사태 초기부터 묵묵히 헌신한 의료진의 손길, 방역 물품의 나눔을 실천한 단체, 방역 자원봉사자, 사회적 질서를 지킨 이들 모두가 코로나 사태의 진정한 영웅들이다.

한 도시의 전염병으로 정부가 통제하는 그 사회 속에서도 여러 유형의 인간 군상들이 출현하고, 또 다른 사건들이 부수적으로 뒤따른다. 오늘날 코로나 재난을 겪는 우리 사회에서도 쉽게 볼 수 있는 인간 유형과 사건들이 비슷하다.

미온적인 대처와 탁상행정으로 시간을 보내는 소설 속의 정부처럼, 코로나 확진자가 감소되면 모범방역이라 자랑하고, 증가하면 시민들의 모임 숫자를 제한하는 것이 최상책이라는 현실은 소설과 너무나 흡사하다.

혼란을 틈타 상술과 독점판매로 이익을 챙기던 이기적 인간처럼, 코로나 방역의 수단으로 마스크, 손소독제, 체온계, 각종 면역 의약품 등으로 대박을 친 기업들도 많다.

의사 리외가 공익을 위해 자신을 희생했던 것처럼, 코로나 사태 초기부터 묵묵히 헌신한 의료진의 손길, 방역 물품의 나눔을 실천한 단체, 방역 자원봉사자, 사회적 질서를 지킨 이들 모두가 진정한 영웅들이었다.

도시 출입의 봉쇄로 발이 묶였던 리외의 친구와 프랑스의 신문기자는 의기투합해 의로봉사대를 조직한다. 회개 기도만이 살길이라 외치던 신부도, 페스트로 아들을 잃고 낙심하던 판사도 봉사대에 합류한다. 마음과 뜻을 모아 재난에 대응해 싸운 노력으로 페스트는 사라지고, 자취를 감췄던 쥐들이 다시 눈에 띄기 시작한다.

주인공 리외는 '병원체는 끊임없이 진화하고 변이해서 언제 다시 찾아올지 모른다'는 말을 남긴다.

코로나 백신이 개발되어 집단면역으로 가는 중에, 또 델타 변이가 검출되었다니 리외의 말이 생각난다.

재난을 극복하는 힘은 '대응하고자 하는 정신과 헌신적인 노력'에서 나온다는 교훈을 얻는다.

— 미주중앙일보 LA판, 2021. 7. 19

위대한 인물들의 과오

공과功過는 공로功勞와 과오過誤를 아우르는 말이다.

공에 대해서는 포상을 하고, 과에 대해서는 책임을 묻는 것이 상식이다.

옛 선현은 '올바른 일을 옳다고 하면 공을 세우지만, 잘못한 일을 잘못이 아니라 하면 죄를 짓는 것이다言其是則有功, 言其非則有罪.'라고 가르쳤다.

조선 후기 순조 때 평안도에서 '홍경래의 난'이 일어났다. 농민과 서민이 주축이 된 난亂은 걷잡을 수 없이 확산되었다.

조정은 좌포도 대장 유효원柳孝源(1751-1813)에게 관군을 주어 난을 진압하도록 했다. 반란군과 관군의 전투는 일진일퇴를 거듭하다 5개월 만에 홍경래가 사살되면서 끝나고 2,900여 명의 포로가 잡혔다.

유효원은 10세 이하의 아동과 여자를 제외하고 포로 1,900여 명을 즉결처분했다.

　난이 평정된 후, 왕은 유효원에게 나라를 구한 공을 포상하려 했으나, 인명을 즉결처분한 과가 문제였다. 그에게 '공과상반功過相半(공과 과가 반반)'이란 평가가 내려졌다.

　중국의 마오쩌둥毛澤東이 사망하자 '문화혁명'과 '대약진운동'의 실패를 들어 그에 대한 격하운동이 중국 전역에서 일어났다. 이때 문화혁명의 최대 피해자였던 덩샤오핑鄧小平은 마오쩌둥의 혁명에 대해 '공칠과삼功七過三'이란 말로 후한 평가를 했다. '공로는 일곱, 과오는 셋이다'라는 말로 감싸 줌으로써 나라가 대혼란에 빠지는 것을 막아냈다.

　서울의 중심부 광화문 광장에는 세종대왕과 이순신 장군의 동상이 있다. 우리 민족사에 수많은 위인들이 있었지만 세종대왕과 이순신 장군의 공로는 우리 역사에 엄청 큰 자랑이다.

　미국의 워싱턴 대통령은 '건국의 아버지'로, 링컨 대통령은 '노예해방과 남북전쟁의 승리'를 이끈 지도자로 미국인들의 추앙을 받고 있다. 워싱턴 동상 앞에서, 링컨기념관에서 미국인들은 가던 길을 멈추고 그들에 대한 존경과 예우를 표한다.

　이승만 대통령은 대한민국 '건국의 아버지'다. 해방 후, 사상과 이념의 혼란으로 공산화 물결이 긴박하던 때에 북쪽의 김일성에 맞서 남

> 아무리 위대한 인물이나 뛰어난 영웅일지라도 과오는 있기 마련이다. 털어서 먼지 안 나는 사람 있을까? 공이 과를 덮고도 남았기에 그들은 위대한 인물로, 영웅으로 존경을 받게 된 것이다. … 공으로 과를 지혜롭게 덮어 줄 때에 역사적 위인은 탄생한다.

한이라도 먼저 자유민주국가를 건설해야겠다고 결단하고 실행했다.

  5000년 가난의 대물림, 아프리카 수준의 빈국을 박정희 대통령은 자본주의와 국가주의를 혼합한 방식으로 산업화를 이룩해 세계적 무역·산업국가로 탈바꿈시켰다. 그의 공로를 우리는 현재 누리며 살고 있다.

  아무리 위대한 인물이나 뛰어난 영웅일지라도 과오는 있기 마련이다. 털어서 먼지 안 나는 사람 있을까?
  공이 과를 덮고도 남았기에 그들은 위대한 인물로, 영웅으로 존경을 받게 된 것이다.
  『조선왕조실록』(유네스코 문화유산)은 조선 왕들의 공과에 대해 472년 간의 역사적 사실을 기록한 책이다.
  맹사성이 우의정으로 있을 때, 「태종실록」 편찬이 완료되어 그가 실록 편찬 감수를 맡게 되었다.
  하루는 세종이 「태종실록」을 한번 보자고 요청했다. 아버지의 공과를 알고 싶었던 것이다. 그러자 맹사성은,

"왕이 선친의 실록을 보게 되면 고치거나 지우고 싶어질 것이며, 이것이 전례가 되면 후어 사관(기록관)은 두려워서 그 직무 수행이 불가능할 것입니다."
라고 대답하자 세종은 순순히 요청을 거두었다.

임금 앞에서 왕실의 법도를 지킨 맹사성도 대단하지만, 선친에 대한 궁금증을 거두어들인 세종도 성군다운 왕이었다. 맹사성의 됨됨이로 보아서 훗날, 이방원의 공功은 말해 주었어도 그의 과過에 대해선 결코 밝히지 않았으리라 추측된다.

프랑스 속담에 '완벽한 사람은 없다(Personne n'est Parfait : 빼흐썬 네 빠흐페)'라는 말이 있다.

영국의 심리치료 의사 마리사 피어는 '완벽해지려는 사람은 세상에서 가장 불행한 사람'이라고 했다.

완벽한 사람이란 없다. 그래서 인생은 서로 기대며 부족을 채워 주면서 살아간다.

공으로 과를 지혜롭게 덮어 줄 때에 역사적 위인은 탄생한다.

— 미주중앙일보 LA판, 2021. 8. 10

영원한 동맹은 가능한가

　목욕탕 유머에, 아버지와 아들이 함께 목욕탕엘 갔다. 아버지가 열탕에 들어가 앉으며,
　"아이고! 시원하다. 아들아, 어서 들어오너라!"
하자 아들은 아버지의 말을 믿고 바로 열탕에 들어가자마자,
　"아이 뜨거워!"
튀어나와서 하는 말이,
　"세상에 믿을 놈 하나 없네!"
라고 투덜거렸다고 한다.
　아들은 '세상에 믿을 놈 하나 없네'라고 할지라도, 아버지는 그래도 '사랑할 놈이 있다'는 게 인륜이다.

　『데카르트 & 버클리 : 세상에 믿을 놈 하나 없다』는 작가 최훈이 쓴

책 이름이다.

프랑스 철학자 데카르트Rene Descartes는 '끊임없이 의심하라. 철학은 의심에서 시작한다.'고 가르쳤다. '나는 생각한다. 고로 존재한다'는 데카르트 인식론의 대표 구절이다.

영국의 주교이며 철학자인 버클리George Berkeley는 '인간은 신 앞에 서 있는 회의론자다. 의심이 있어야 건강한 정신이다'라고 설교했으며, '존재하는 것은 지각되었기 때문이다'라는 경험론을 주장했다.

샌프란시스코 인근의 'UC버클리'는 버클리 주교가 쓴 시詩의 한 구절 '서쪽으로 제국이 방향을 틀도다…'의 뜻에 따라 예일대학교의 교수들이 대거 서부지역으로 이동해 오면서 정착지와 학교 이름에 버클리를 붙였다고 한다.

세상은 인간의 의심과 믿음, 의지와 도전이 만들어 내는 거대한 실험장이다. 삶에서 인간의 무한한 가능성을 의심으로 시작해서 믿음으로 풀어가는 여정을 이 책은 핵심 내용으로 다루고 있다.

믿을 수 있는 나라, 영원한 동맹은 가능할까?

미국은 수많은 동맹국을 보유하고 있다. 이들 중 최상위급 동맹은 '파이브 아이스(The Five Eyes : 5개의 눈)'이다. 미국·영국·캐나다·호주·뉴질랜드 5개국 간에 맺은 혈맹이다. 5개국은 군사동맹, 정보 네트워크, 비밀정보 공유, 5개국의 대사관 및 정보기관 공동운영 등으로 묶여 있다.

45년 전 베트남 전쟁에서 미국의 철군과 이번 아프간 사태에서의 철군은 '영원한 동맹은 존재할 수 없다'는 증명을 재확인시켜 주었다. 국제사회의 냉엄한 현실과 급변하는 국제 정세를 한국 정부가 능동적으로 파악하고 자주적으로 대처하지 못하면 아프간처럼, 베트남처럼 되지 말라는 보장이 있을까?

'파이브 아이스' 동맹의 뿌리는 영국이다. 주류 민족이 앵글로색슨이며, 공용어는 영어다. 민주주의를 지향하고, 기독교 전통의 국가들이며, 영국으로부터 독립한 국가들이다. 몇 년 전 영국이 독단적으로 유럽연합(EU)을 탈퇴한 것도 '파이브 아이스'라는 동맹에 대한 믿음이 버팀목으로 존재했기 때문에 가능했다.

미국 입장에선 캐나다·호주·뉴질랜드가 중국의 태평양 진출을 견제하며, 미 해·공군의 거점으로 사용할 수 있어서 지정학적으로도 중요한 핵심동맹이다.

'위대한 나라, 아메리칸 퍼스트!'는 내적으로는 미국의 국익 창출이며, 외적으로는 대중국 견제가 포함되어 있다. 이 두 마디 구호는 동맹이라도 실익이 없으면 발을 빼겠다는 강력한 표현이다.

"21세기의 역사는 중국의 도전과 미국의 응전으로 기록될 것이다."
싱가포르 총리 리콴유의 예언이다.
1인자는 늘 2인자를 경계하고 견제한다.

초강대국 미국이 빠른 경제성장을 바탕으로 주변의 동반 세력을 늘려 가는 중국을 보고만 있을 리가 없다. 글로벌 패권 경쟁에서 1인자의 위치를 확고하게 굳히는 길은 혼자보다는 다수 동맹의 네트워크가 필요충분조건이다. 이미 미국의 민주주의 동맹국들과 공산주의 중국의 대결은 트럼프 정부부터 시작되었다.

바이든 행정부는 대 중국 견제를 위해 한국에도 동맹의 역할을 요청했고, 중국은 한국이 대 미국 편향을 못마땅하게 여기고 있으니 양다리를 걸친 문재인 정부의 고심이 깊을 수밖에 없다.

45년 전 베트남 전쟁에서 미국의 철군과 이번 아프간 사태에서의 철군은 '영원한 동맹은 존재할 수 없다'는 증명을 재확인시켜 주었다.

국제사회의 냉엄한 현실과 급변하는 국제정세를 한국 정부가 능동적으로 파악하고 자주적으로 대처하지 못하면 아프칸처럼, 베트남처럼 되지 말라는 보장이 있을까?

당하고 나서 '세상에 믿을 놈 하나 없네'라는 탄식은 너무 늦은 후회가 될 것이다.

— 미주중앙일보 LA판, 2021. 9. 13

'시간의 다리(Time Bridge)'를 건너며

'오늘'은 어제에서 내일로 연결해 주는 '다리(Time Bridge)'이다.

어제는 역사의 다리를 건너왔고, 오늘은 선물받은 다리를 건너가는 중이며, 내일은 어떤 다리를 건널는지 미스터리다.

영원으로 흐르는 강물 위에 놓인 '시간의 다리', 그 위를 달리는 열차 '2021호'에 탑승한 지도 엊그제 같은데 벌써 12번째 마지막 역을 지났다. 다음 역은 '2022호' 열차가 기다리는 환승역이다.

'환승역(Transfer Station)'은 늘 긴장감과 설렘이 공존한다. 갈아타야 할 공간, 시간을 확인해야 하고, 낯선 여행객과 만나야 한다. 환승역은 채널과 채널이 교차하고, 사람과 사람이 교차하고, 세상의 모든 정보가 교차하는 곳이기도 하다.

아메리카 땅에 인류가 살기 시작한 것은 1만 2천 년 전쯤으로 추정한다. 빙하시대에 해수면이 낮았을 때 베링해협은, 즉 동시베리아와 서알래스카는 얼음으로 연결되어 있었다. 자연이 만든 육교陸橋(Bering Land Bridge)였고, 이 육교로 이동했던 동물들의 흔적이 종종 발견된다.

고대 동아시아의 몽골제국은 대부분 유목민이었다. 이들은 먹잇감(사냥)을 따라 이동하다가 이 육교를 건넜고, 아메리카 땅의 원주민이 되었다. 이들을 '팔레오 인디언(Paleo-Indian)'이라 부른다. 'Paleo'는 그리스어에서 파생된 그대(Old)라는 뜻이며, 'Indian'은 에스파냐어로 인도인이다.

콜럼버스가 아메리카 대륙을 인도로 착각하고 원주민을 '인디언'이라 불렀지만, 사실은 우리와 조상이 같은 몽고반점蒙古斑點이 있는 '몽골리안'이다.

'베링 육교'를 다른 이름으로 '베링기아Beringia'라고도 부른다. 덴마크 출신의 항해사이자 탐험가인 '비투스 베링Vitus Bering'의 이름을 따서 베링기아가 되었다. 베링기아는 빙하시대에만 존재했던 과거의 다리였고 지금은 전설로 남은 역사의 다리인 셈이다.

베링해협은 폭 85km, 수심 30~50m로 태평양과 북해를 연결해 주는 통로이다. '날짜변경선'이 해협 중앙에 수직으로 그어져서, 동방과 서방의 시간을 가르는 경계선으로 타임브리지의 상징이기도 하다.

샌프란시스코와 마린 카운티를 잇는 '금문교(Golden Gate Bridge)'가 새해가 가까워지면 누구나 꿈과 목표를 세운다. 목표가 정해지면 그 목표에 어떻게 도달할 것인가를 고민한다. 해답은 간단하다. 목표를 향해 브리지를 건설하는 것이다. 그렇다. 우리 각자는 자기 다리를 건설하며 그 다리를 건너간다. 다리를 건설해 가는 과정이 곧 삶이다.

인간이 만든 금세기의 가장 위대한 다리라면, '베링기아'는 신神이 만든 아시아와 아메리카를 연결하는 가장 위대한 다리였을 것이다.

새해가 가까워지면 누구나 꿈과 목표를 새롭게 한다. 목표가 정해지면 그 목표에 어떻게 도달할 것인가를 고민한다. 해답은 간단하다. 목표를 향해 브리지를 건설하는 것이다.

그렇다. 우리 각자는 자기 다리를 건설하며 그 다리를 건너간다. 다리를 건설해 가는 과정이 곧 삶이다.

인생은 내일을 기대하며 오늘을 산다. 내일의 문제해결에 도움이 되기 때문에 오늘의 다리를 건설한다.

교량(다리)을 설계하는 엔지니어에겐 기본 철학이 있다. 그것은 '최악의 조건에 대비하면, 최선의 결과를 얻게 된다(Plan for the worst, hope for the best).'는 철칙이다. 최악의 재난이 닥쳐도 기초를 튼튼한 설계로 건설하면 무너지지 않는다는 것이다.

나이 들수록 과거에 자신이 걸어온 경험과 지식을 자랑하며 산다.

젊은 세대의 생각과 발식어는 귀를 기울이지 않고, 자기 고집과 자기 도취에 빠지는 경향이 있다.

너와 나, 그들과 우리, 구세대와 신세대 간의 관계는 점점 멀어져 가고 있다.

세대 간의, 이념 간의, 인종 간의 단절된 벽을 허물고, 불통을 소통으로 뚫어 주는 '관계의 다리'가 절실하다.

'2022호' 열차가 기다리는 환승역이 가까워 온다.

내리기 전 주변 정리 정돈을 깨끗이 할 때가 되었다. 의복도 여미고, 가방, 백신접종 증명서, 여권, 승차권 등을 챙겨야 한다.

'2022호' 새 열차에서는 이웃과 더 친밀한 관계를 건설하며 '시간의 다리'를 건너야겠다.

— 미주중앙일보 LA판, 2021. 12. 15

전쟁으로 막힌 '하늘길'

 최근 러시아의 우크라이나 침공으로 민간항공기의 러시아 내 영공領空 통과 항로가 폐쇄되었다. 그간 러시아 내 영공 통과로 아시아-유럽 간, 또는 미 동부-아시아 간의 비행시간을 상당히 단축해 왔지만, 전쟁이 시작되자 항공기 안전을 위해 북극 상공으로 더 멀리 우회해 비행시간은 종전보다 약 1~2시간 정도 늘어났다. 비행시간이 늘면 운항비용 상승, 착륙공항 스케줄 변경, 승객의 불편 등 많은 부담이 발생한다.

 '항로航路'라는 용어는 원래 바다에서 배가 다니던 '뱃길(Seaway)'을 뜻했다. 20세기에 항공기가 등장하면서 해운에서 사용하던 '항로'라는 용어가 '하늘길空路(Airway)'에도 차용되어 쓰이기 시작했다.
 영공 통과는 단축항로이다. 돌아가는 길은 멀지만 직선 길은 짧고 빠르다. '영공'은 영토와 영해(해안선에서 12해리) 위의 하늘로 그 나라의 주권이 미치는 공간이다. 즉 국가가 영유권을 가지는 공중영역을 뜻한다. 하지만 우주공간은 특정 국가에 속하지 않는 자유공간이다.

국제선 운항은 관련 국가 간에 항공협정을 맺고, 협정에 따라 영공 통과와 관제 서비스를 받는다.

영공을 통과할 때는 통과영역과 시간, 항공기의 크기에 따라 영공 통과료(Overflying Fee)를 지급해야 한다. 즉 영공을 통과하는 동안 제공받는 관제정보 서비스에 대한 대가이다. (해운에는 영해 통과료가 없다. 대신 운하 통과료는 운하관리국에 선불로 지급한다.)

미국은 본토뿐만 아니라 태평양과 대서양을 건너는 모든 항공기에 대해 관제 서비스를 제공하고 있다. 따라서 미국 영공이 아닌 태평양을 비행할 때도 영공 통과료를 지급해야 한다.

1928년 독일의 슈바르츠Samuel Schuwartz라는 거인이 루프트한자(독일항공)를 상대로 항공기가 자기 집 위로 날아다니는 비용을 청구했다. 이 발상이 오늘의 항공업계에 영공 통과료 부과의 계기가 되었다.

도로에 신호등, 바다에 등대가 있다면, 하늘에는 항공관제소(Air Traffic Control Tower)가 있다. 신호등이 수많은 차량 운행을 통제하듯이 항공관제소는 하늘의 신호등으로 공중의 비행기들과 공항에 대기 중인 항공기들을 통제한다.

항공관제 서비스는 비행기가 이륙해서 착륙할 때까지 항공기의 안전을 위해 지상의 관제탑이나 위성을 통해 조종사에게 지속적인 통신

항공관제 서비스는 비행기가 이륙해서 착륙할 때까지 항공기의 안전을 위해 지상의 관제탑이나 위성을 통해 조종사에게 지속적인 통신으로 충돌 방지(안전) 정보, 항로 정보, 기상 정보, 항공기의 상태, 이착륙 정보 등을 주고받는 것을 말한다.

으로 충돌방지(안전) 정보, 항로 정보, 기상 정보, 항공기의 상태, 이착륙 정보 등을 주고받는 것을 말한다.

예전엔 조종사와 관제사(관제탑 근무자) 간에 음성으로 실시간마다 운항 정보를 교환했지만, 지금은 통신 시스템의 발전으로 통상적인 데이터 정보는 컴퓨터가 자동으로 교환해 더 많은 정보를 더 빠르고, 더 정확하게 취득할 수 있게 되었다.

모든 공항에는 관제탑(Air Traffic Tower)이 높이 보인다. 관제탑의 기원은 1920년 런던의 크로이던Croydon 공항에 최초로 세워졌다. 타워는 높이 4.6m(15ft)로 사방의 창문을 통해 비행기를 육안으로 직접 보면서 조종사에게 위치, 활주로 선택, 이착륙 지시 등 기본적인 정보만 제공했다.

항공관제가 영국에서 시작되었기 때문인지 관제사와 조종사 간의 통용어는 영어이며, 조종사의 자격 조건엔 관제용어 숙지와 영어 통용이 필수이다.

요즘 북한이 미사일을 동해안으로 자주 시험발사하고 있다. 북한은 '한국-미국' 간의 북시베리아 항로를 이용하는 한국의 민항기의 안전을 보장할 수 없다는 경고를 했다. 이후 한국 국적기들은 북쪽 동해안 통과를 아예 포기하고 일본 영공을 통과하므로 인천공항 도착시간이 약 30분 정도 더 걸리게 되었다.

지리적으로 인천공항은 북한 영공과 매우 근접해 있다. 김대중 정부 때 맺은 항공협정이 천안함 사건으로 파기되어 한국 민항기들은 중국이나 일본 영공을 이용하고 있다. 비행시간과 운항비용 면에서 부담이 크게 늘었다.

하늘은 한없이 넓고 끝없이 높지만, 날개가 있다고 해서 길 아닌 곳을 마음대로 날아다닐 수는 없다.

— 미주중앙일보 LA판, 2022. 4. 20

집에 어른이 안 계시면 빌려서라도 모셔라

개를 무척 좋아하는 청년이 있었다. 일과를 마치고 어둑어둑해질 무렵 집으로 들어올 때면 개는 어김없이 꼬리를 치며 달려 나와 주인을 반겨 주었다.

늘 총알처럼 달려 나오던 개가 어느 날 저녁엔 보이질 않았다. 이상하다 싶어 주변을 두루 살펴보니, 개가 옆집 뒷마당에서 하얀 토끼를 물고 흔들어 대고 있지 않은가! 놀란 청년은 뛰어가서 토끼를 빼앗고 얼른 개를 끌고 집으로 들어왔다. 주변에 아무도 본 사람이 없어서 정말 다행이었다.

피와 흙으로 범벅이 된 토끼는 이미 죽어 있었다. 분명히 옆집 노인이 애지중지 키워 오던 토끼였다. 황당한 일로 걱정이 태산이다. 일단 죽은 토끼를 목욕탕으로 들고 들어가서 깨끗이 씻겼다. 그런 후 드라이어로 토끼털을 말리고 곱게 빗겨서, 토끼에게 향수까지 뿌렸다.

이 문제를 어떻게 해결할까? 개 주인은 고민했다.

날이 밝는 대로 옆집 노인께 자초지종을 설명하고, 애도의 사과를 드리면서 토끼값을 변상하면 어떨까? 아무도 본 사람이 없으니 오늘 밤에 옆집 뒷마당의 토끼 사육장에 토끼를 몰래 넣어 두면 어떨까? 그러면 토끼가 자다가 죽은, 자연사로 보이지 않을까…….

청년은 후자를 택하고, 그날 밤 자정을 넘겨 쥐도 새도 모르게 성공적으로 결행을 마쳤다. 간은 콩알만 해졌고, 심장은 뛰고 양심에 걸려 도저히 그날 밤은 잠을 이룰 수가 없었다.

다음 날 아침, 기상하자마자 창문 귀퉁이를 통해 옆집의 동태를 살폈다. 아무런 징조도 없었다. 안도의 한숨을 쉬면서 일터로 출근했다. 개는 집 안에 단단히 들어 놓았다. 체벌體罰을 내린 셈이다.

해 질 무렵 집에 도착한 청년은 옆집 노인이 집 앞에 서 있는 것을 보자 가슴이 철렁 내려앉았다. 우물쭈물 차에서 내려 평상시처럼 인사를 건넸지만, '이 노인이 어떻게 알고 왔을까?'라는 생각이 머릿속을 스쳤다.

노인은 반가운 얼굴로,

"오늘 저녁 선약이 없으면 식사나 함께 하자!"

는 제안을 해 왔다.

"무슨 좋은 일이라도요?"

물었더니, 노인은,

"좋은 일이 생겼네. 이웃들과 식사라도 하면서 좋은 일을 나누고 싶네."

만면에 희색을 띠면서 대답한다.

몇몇 이웃들이 초대되어 노인 댁 저녁 식탁에 둘러앉았다. 이웃들은 이 어른의 좋은 소식이 궁금했다. 노인은 값비싼 와인을 따면서,

"우리 집에 경사스런 기적이 일어났다네! 며칠 전 내가 기르던 토끼가 죽어 뒷마당 양지바른 곳에 묻어 주었는데, 글쎄 우리 토끼가 부활해서 집으로 돌아왔다네, 예수님처럼 사흘 만에~"

그 말을 듣는 순간, 이웃들은,

"와~ 오 마이 갓! 기적이네요!"

환호와 박수가 터져 나왔다.

"어르신! 기적을 축하드립니다!"

한 이웃이 와인 잔을 높이 들자 모두들 축배를 쭈~욱 들이켰다.

청년도 따라 잔을 비웠다. 심장은 두근두근, 간담肝膽의 떨림이 와인 잔에까지 전달되었다.

어르신은 청년의 빈 잔에 와인을 다시 채워 주면서,

"포도주 맛이 어떤가? 내가 좋아하는 이태리산 와인인데, 두어 잔 마시면 마음이 아주 평안해질 거요!"

라고 의미심장한 말을 했다.

식사가 끝나고, 노인은 이웃들에게 고맙고 즐거웠다는 인사와 선물상자를 각각 안겨 주며 배웅했다.

청년은 집에 돌아오자 두근거리는 가슴을 추스르며 선물상자를 열었다.

상자 안에는 쪽지 메모가 보였다.

— 개를 벌 주거나 나무라지 않기를 바라네. 계속 좋은 이웃이 되기를 진심으로 바라네. 그리고 비닐 속에 든 것은 개들이 좋아하는 토끼고기 요리일세.

청년은 정말 부끄러웠다. 이웃에 이렇게 존경스런 어른이 계시니, 이제부턴 삶의 지혜를 이 어른에게서 배워야겠다고 결심했다.

집에 어른이 안 계시면, 빌려서라도 모시라는 그리스 속담이 생각났다.

개 주인과 토끼 주인의 차이를 생각해 본다.

— 미주중앙일보 LA판, 2022. 1. 14

커피 한 잔의 여유

"커피의 진한 향기는 와인보다 달콤하고, 커피의 부드러운 맛은 키스보다 황홀하다. 커피는 악마처럼 검고 지옥처럼 뜨겁지만, 천사처럼 순수하며 사랑처럼 달콤하다."

18세기 프랑스의 정치가 샤를 모리스 탈레랑의 말이다. 탈레랑은 가톨릭의 주교로 봉직할 때나 외무장관으로 있을 때나 커피를 늘 옆에 두고 있었다.

탈레랑의 커피 친구이자 정치적 동반자인 나폴레옹은,

"내게 정신을 맑게 만들어 주는 것은 아주 진한 커피다. 커피는 내게 따뜻한 기운을 주고, 때때로 긴장을 풀어 주고 여유를 누리게 해 준다."

라고 술회했다.

악성樂聖 베토벤도,

"아침식사에서 내 친구인 커피를 한 번도 빠뜨린 적이 없다. 커피가 없으면 어떤 영감靈感도 느낄 수 없으며, 한 잔의 커피를 만드는 60개의 원두는 60가지의 영감을 주었다."
라고 말했다.

이들은 특별히 커피를 사랑하며 즐겨 마시는 커피 마니아들이었다. 마니아mania는 '중독'이라는 의미로, 다른 어근과 합성하여 특정한 요소에 광적, 또는 병증으로 집착하거나 즐기는 행위이다.

필자도 커피마니아에 속한다. 커피 없이는 일도, 독서도, 운전도 못할 정도로 늘 커피와 함께 지낸다.

커피의 기원과 원산지는 아라비아로 알려져 있다. 17세기경 커피가 아라비아에서 유럽으로 전해지자 동네마다 '커피하우스'가 생겨났고, 커피 소비량이 급증하자 품귀 현상까지 빚어졌다고 한다.

당시 커피는 아라비아에서만 재배되었고, 이슬람권인 아라비아는 커피 종자와 묘목 유출을 강력히 금지했다. 프랑스의 루이14세 왕은 커피 묘목을 몰래 수입해 경작을 시도했으나 커피나무가 서리를 견디지 못해 실패하고 말았다.

한국엔 1890년경 고종황제가 러시아 공관에서 러시안이 대접한 커피를 처음 마셨다는 기록이 있다. 그 후 1930년대에 서울의 명동에 처음 다방이 생겼고, 다방은 당시 장안의 명물로 소문이 났다고 한다.

우리는 늘 바쁘게 앞만 보며 살아왔다. 먹고사는 문제가 각박해 사업장에서, 직장에서, 가정에서 '빨리빨리' 문화 속에 중독되어 살아온 셈이다. 바쁘게 움직이지 않으면 괜한 두려움, 불안감이 몰려왔다. 이제는 커피 한 잔을 들며 향과 맛을 음미하면서 생활의 여유, 살아온 인생을 반추해 보면 어떨까?

60대 이상에게는 다방에 대한 추억이 있다. 그 옛날 목 좋은 거리에는 다방들이 즐비했고, 만남의 장소로 이용되었다. 그곳엔 유행가와 팝송이 흘렀고, 짙은 화장발의 젊은 아가씨가 함박웃음을 띠고 애교스런 몸짓으로 커피를 날랐다.

다방은 연인들의 만남의 장소로, 사업가들의 계약장소로, 동네 건달들의 집합장소로, 또는 지나가다 쉬어 가는 장소로, 그 시절 낭만이 흐르던 곳이었다.

세계 챔피언 복싱, 프로레슬링, 국제 축구경기를 TV 중계하는 날이면 삼삼오오 모여 경기를 관람하는 극장 역할도 했으니, 다방은 다방면으로 사용되던 장소였다.

커피 탁자 위엔 둥그런 재떨이, 육면체형 성냥갑, 동전을 넣으면 운세쪽지가 나오던 놋그릇이 놓여 있었다.

다방에서 처음 마셔 본 커피는 엄청 쓰고 뜨거웠다. 도저히 마실 수가 없었다. 설탕과 우유를 듬뿍 넣어 억지로 마시면서도 혹시 재떨이에 수북이 쌓인 담배꽁초로 끓인 물이 아닐까? 하는 의심도 들었다.

커피 족보에도 없는, 이른바 '모닝커피'라 하여 커피 속에 계란 노른자를 띄워 보통 커피 값의 3배를 받았던 바가지 커피도 기억난다. 요즘처럼 에너지 드링크가 없던 시절이라 에너지 보충을 위한 커피였을까?

우리는 늘 바쁘게 앞만 보며 살아왔다. 먹고사는 문제가 각박해 우리네 삶을 바쁘게, 빨리빨리로 내몰았다.

사업장에서, 직장에서, 가정에서 '바쁘게'와 '빨리빨리' 문화 속에 중독되어 살아왔다. 바쁘게 움직이지 않으면 괜한 두려움, 불안감이 몰려왔다.

이제는 커피 한 잔을 들며 향과 맛을 음미하면서 생활의 여유, 살아온 인생을 반추해 보면 어떨까?

좀 더 천천히, 여유롭게, 옆도, 뒤도 돌아보며 한 템포 늦게 가는 습관을 가져야겠다.

— 미주중앙일보 LA판, 2022. 6. 1

이직률 낮추는 수평적 기업문화

언제나 미래를 이야기할 땐 과거를 돌아보게 된다. 역사를 되돌아보면 기업의 발전은 경제사회 구조를 변화시켰고 인간생활의 환경을 바꾸면서 인류 진화의 원동력이 되었다.

1970년대의 기업들은 대부분 노동집약적이었다. 1990년대에 들어 기업들은 자본집약적 산업으로 발전했고, 2000년대에는 기술집약적 산업으로, 오늘날엔 첨단과학 산업으로 발전해 가고 있다.

이 세상에 존재하는 모든 기업은 이윤Profit을 창출하는 집단이다. 이윤 창출의 원동력은 기업이 생명처럼 소중하게 여기는 핵심역량이다. 따라서 기업은 명운을 걸고 핵심역량을 지킨다.

'핵심역량(Core Competence)'이란 '기업 내부의 조직 구성원들이 보유하고 있는 기술, 기능, 지식, 경험 등 조직의 핵심을 이루는 총체적 능력'을 뜻한다. 다시 말해 '경쟁사보다 월등한 기술, 기능, 서비스를 확보하고, 경쟁관계에서 지속적인 우위를 차지하려는 능력'을 기업의 핵심역량이라 정의할 수 있다.

국가마다 국제화, 세계화를 내세우면서도 자국 기업의 '핵심역량'과 '특허기술'을 보존하며 타국으로 유출되지 않도록 법으로 엄격히 통제하고 있는 것이 사실이다.

과거에는 기업경영의 3대 요소를 자본(Money), 물자(Material), 사람(Man), 즉 '3M'이라 하였다.

현대기업은 정보, 기술, 기업문화를 경영의 3대 요소로 간주하고 있다. 정보, 기술, 문화는 기업의 조직 속에 있는 사람으로부터 나온다. 그 인적자원이 바로 핵심가치이다.

잭 웰치Jack Welch(GE의 전 CEO)는,

"내가 회사에서 사용한 시간 중 75%는 사람을 채용하고, 교육하고, 배치하고, 평가, 보상하는 데에 썼다. '기업은 곧 사람'이기 때문이다."
라고 했다.

토마스 왓슨Thomas Watson(IBM의 전 CEO)은,

"기업의 성패는 그 기업에 소속된 사람들의 재능과 열정을 얼마나 잘 끌어내는가에 좌우된다."
라고 했다.

삼성의 창업자 이병철 회장도,

"기업企業이란 한자를 풀어 보면 '사람[人]이 모여[止] 함께 일[業]하는 곳'이란 뜻이다."
라고 '기업은 사람이 일하는 장소'라고 풀이했다.

> 자유분방한 MZ세대가 밀려오는 현대기업은 직원을 '구성원'이란 단어로 대체 사용하기 시작했다. 구성원은 조직이나 단체를 이루는 사람으로서 조직의 목표 달성에 능동적으로 활동하는 주체를 뜻하며, 구성원은 조직의 목표를 스스로 알아서 일하는 사람으로 개인의 독립성과 인격을 존중받게 된다.

운송그룹 한진의 창업자 조중훈 회장은 월례 조회 때마다,
"사업은 예술이다. 예술은 사람만이 창조하는 기술이다."
라고 강조했다.

이렇듯 대기업을 창업한 총수들은 하나같이 '사람'의 중요성을 강조했다.

과거 기업들은 기업 내부의 직원을 '종업원從業員'이라 불렀다.
'종업원(Employee)'이란 기업주와의 고용계약에 의해 고용조건에 따라 활동하는 직원을 말한다. 종從이라는 글자가 암시하듯이 종업원이라는 단어에는 수직적 상하관계의 뉘앙스가 들어 있다.

자유분방한 MZ세대가 밀려오는 현대기업은 직원을 '구성원構成員'이란 단어로 대체 사용하기 시작했다. '구성원(Associate)'은 조직이나 단체를 이루는 사람으로서 조직의 목표 달성에 능동적으로 활동하는 주체를 뜻한다.

구성원은 조직의 목표를 스스로 알아서 일하는 사람으로 개인의 독

립성과 인격을 존중받게 된다. 구성원은 주인이나 감독이 없어도 자기의 직무에 책임의식을 가지고 활동한다.

종업원은 상하 수직적 관계를 내포하지만, 구성원은 좌우 수평적 관계를 보여 준다.

종업원이나 구성원은 모두 정신적·육체적 노동을 제공하고, 그 대가로 급여를 받는다. 종업원이 받는 대가는 일한 시간에 대한 임금(wages)이지만, 구성원이 받는 대가는 일에 대한 책임감이 포함된 보상(compensation)성 급여이다.

우리는 기업에서 일을 하면서 자신을 종업원으로 생각하는지 또는 구성원으로 자부하는지 자문해 보아야 한다. 기업주도 내부의 직원을 구성원으로 대우하고 있는지 생각해 보아야 한다

코로나19 팬데믹 이후 기업체마다 숙련된 인력이 복귀하지 않아 구인난에 시달리고 있다. 노사 간에 신명 나게 일하는 기업문화가 이직률을 낮추고 기업의 가치를 높일 것이다.

— 미주중앙일보 LA판, 2022. 6. 15

남은 인생, 무엇으로 채울까

2022년도 절반이 훌쩍 지났다. 상반기가 올라온 언덕길이었다면 하반기는 내려가는 길이다. 언덕 넘어 내려가는 길은 빈 수레가 내리막을 거침없이 빠르게 굴러가는 모양이 그려진다.

산악인 엄홍길 대장은 '언제나 오를 때보다 내려올 때가 더 힘들고 위험하다.'고 강조한다.

옛 성현들은 빠른 세월을 사자성어로 '토주오비兎走烏飛', 즉 '토끼가 달리고 까마귀가 날아가듯이 세월은 빠르게 지나간다'고 비유했다.

2022년은 '호랑이해'다. 2022년도의 세월은 '호주오비虎走烏飛'로 비유하면 어떨까? 호랑이가 달리고 까마귀가 날아가는 듯, 임인년이 정말 빠르게 지나고 있다.

요즘 시대를 '자기PR시대'라 한다. 제 잘난 멋에 사는 시대가 되었다. 스스로 자기 자신을 알리고 홍보해야만 직성이 풀리고, 가만히 있으면 도태되고 뒤처지고 잊혀지기 때문에 사람들은 자기를 과시해서 어떻게 해서든지 세상에 자기를 알리려고 애를 쓰며 살아가고 있다.

이런 추세에 날개를 달고 기름을 부은 듯이 등장한 것이 인터넷과 개인 SNS이다.

'SNS'는 'Social Networking Service'를 줄여서 쓴 약어이다.

페이스북, 트위터, 인스타그램, 블로그 등의 SNS를 통해 누구나 마음껏 자기를 드러내는 시대가 되었다. 자기 홍보와 과시는 일상이 되었고, 세상은 이제 개인정보의 홍수 속에 있다.

이런 SNS 매체들을 접하다 보면 과연 어디까지가 진실이고, 어디까지가 거짓인지? 또는 과장되게 꾸민 건 아닌지? 하는 의심이 들 때가 많다. 자기 자신을 있는 그대로 드러내기보다는 적당한 거짓과 위선으로 포장하고, 심지어는 없었던 경력까지 끌어들여 SNS상에 버젓이 올리기도 한다.

요즘 젊은 세대는 가만히 있지를 못한다. 한시도 스마트폰(SNS)과 떨어져서는 못 사는 세대다.

인류 역사상 어떤 세대보다도 엄청난 기술발전과 축적된 부富를 누리고 있지만, 그들은 아날로그 세대보다 더 바쁘게 쫓기며 산다.

개인정보를 처음 접하는 사람은 대개 '좋아요'를 누르고 호감을 갖지만, 시간이 지나면서 과장된 포장이 벗겨져 그 실체가 드러나면 크게 실망하게 된다. 인간 주변에는 진실을 아는 사람이 늘 있게 마련이

> 인생고개를 땀 흘리며 힘들게 올라올 때는 전후좌우 살필 겨를도 없이 목표 정상만 바라보고 정신없이 올라왔는데, 정상에 올라온 뒤 내 흔적을 복기해 보면, 누구나 아쉬움과 후회가 남는다고 한다.

고, 입소문이라는 것도 있기 때문이다. '꼬리가 길면 언젠가는 밟힌다'는 속담이 꼭 맞는 말이다.

   고급스러운 박스를 막상 뜯어 보니 속엔 볼품없는 알맹이에 품질마저 조잡한 상품이 나오면 누구나 실망한다. 나 자신이 이런 박스 속의 품질 나쁜 작은 알맹이는 아닌지?
   인생고개를 땀 흘리며 힘겹게 오를 때는 앞만 보고 정신없이 정상만을 향해 달려가느라 주위를 돌아볼 여유조차 없었다. 그러나 정상에 올라서 지나온 길을 되돌아보면 누구나 크든 작든 아쉬움과 후회를 안게 마련이다.
   영국의 극작가이자 명언 제조기로 유명한 버나드 쇼는 95세에 타계하면서 '우물쭈물하다가 내 이럴 줄 알았지'라는 묘비문을 남겼다.
   어느 성직자는 '오늘은 내 차례, 내일은 당신 차례'라는 묘비문으로 인생의 유한성을 암시했다.
   소설가 헤밍웨이는 묘비에 '일어나지 못해 미안하오'라는 말을 남겼다.
   먼저 살았던 유명인의 묘비문들은 '남은 인생 헛되게 살지 말고 보람 있게 채우라'는 교훈들이다.

바쁜 일상에서 잠깐 일을 멈추고 나의 묘비엔 무엇을 남길까? 생각해 볼 때가 되었다.

내리막길에 접어든 인생이라 해도 지금의 형편과 처지를 긍정적으로 받아들이고, 남은 시간을 최선의 정성으로 가꿔 나가는 것— 그것이야말로 남은 삶을 채워 가는 진짜 보람이 아닐까?

2022년 절반을 훌쩍 보내고, 남은 절반 동안 빈 수레에 정직과 충실로 채워 나갈 것을 다짐해 본다.

— 미주중앙일보 LA판, 2022. 7. 6

아직도 '우리의 소원은 통일'인가

흔히들 한국은 세계 유일의 분단국가라고 한다. 그러나 아직도 분단국가로 현존하는 나라가 더 있다. 키프로스, 아일랜드가 분단된 상태이며, 중국도 엄밀히 말하면 분단국가이다.

반대로 분단국에서 통일을 성취한 국가로는 독일, 베트남, 예멘이 있다. 독일은 서독이 동독을 흡수하는 방식으로 평화적 통일을 이루었지만, 베트남은 전쟁으로 통일되었고, 예멘은 내전을 치르다가 합의방식으로 통일을 이루었다.

분단국가란 본래는 하나의 국가였으나, 어떤 역사적 계기로 인해 복수의 지역으로 나뉘어 각각 다른 통치 기구가 공존하는 불안정한 국가를 말한다.

우리 세대는 어렴풋이 6·25전쟁을 경험했고, 남과 북의 분단 현실

(이산가족, 실향민, 이념 등)을 뼈저리게 느끼며 살아왔다. 전쟁 후 경제적·정치적·사회적으로 불안정한 환경에서 「우리의 소원은 통일」이란 동요를 수도 없이 부르며 자랐다.

5·16혁명 후에는 '민족중흥의 역사적 사명을 띠고 이 땅에 태어났다'는 혁명공약을 검숙히 암기해 가면서 중·고교를 마쳤다. 그만큼 남북통일과 민족중흥은 우리 세대의 시대적 과제였다.

한국인이라면 통일을 바라지 않는 사람이 어디 있으랴?

1990년 독일의 베를린 장벽이 무너지고 동·서독이 통일될 때, 한국에도 통일의 열망이 한껏 고조되었다.

북한의 값싼 노동력, 천연자원에 남한의 자본과 기술력을 합친다면 통일은 대박이라는 선언이 나오기도 했다.

서독 정부도 동독의 값싼 노동력, 토지개혁, 지하자원, 낙후된 공장시설의 재건 등 양독의 경제부흥 시너지 효과를 추산하며 오직 희망과 희열로 가득 차 있었다. 이에 따라 발 빠르게 동독지역에 공장을 짓고 시설을 이전한 기업들이 증가했지만, 동독의 청년들은 앞다투어 서독으로 계속 이동해 갔고, 노인층만 남은 동독엔 공동화空洞化 현상이 벌어졌다. 당초 기대와는 정반대 현상이 초래되었다. 서독은 갑자기 몰려오는 청년인구로 실업률을 감당하지 못하자 직장마다 동독인 취업 할당제를 두도록 했다.

필자는 2000년부터 5년간 독일 주재 근무를 하면서 통독 후의 경제, 사회, 문화의 격차를 실감하면서 우리 회사에 함께 근무했던 동독

> 대부분 청년들은 결혼을 부담스럽게 생각하듯 통일도 부담스럽게 여긴다. 통일 없이도 평화는 가능하지 않을까? 하는 기대를 하지만, 평화를 지키기 위해서는 강력한 힘(군사력·경제력)이 전제되어야 한다. 타협이나 굴종으로, 또는 어떤 대가를 주고 얻은 평화는 일시적일 수밖에 없다.

인들의 의식구조, 행동과 능력, 경쟁력 등이 서독인에 비해 현저히 낮은 것을 알게 되었다.

당시 통독 후 10년이 경과했지만, 동독지역은 여전히 폐허로 무성한 잡초와 유실된 도로망, 교량이 지금도 눈에 선하다. 동독에 투자했던 시설들은 결국 해체되어 다시 중국으로 이전하는 막대한 손실도 발생했다.

현재 독일은 통일된 지 32년째이다. 그간 많은 시행착오를 겪으며 엄청난 비용과 국민적 희생을 불러왔다. 사실상 돈으로 동독을 생각보다 훨씬 비싸게 구입한 셈이다.

요즘 한국의 젊은이들은 '우리의 소원은 통일'이 아니라 '우리의 소원은 평화'라고 동요를 개사해 부른다. 그들도 통독의 30년 사례를 보고, 통일의 대가와 희생이 얼마나 큰 것인가를 알게 되었다. 섣부른 통일로 자칫 함께 망하는 길보다 '각자도생各自圖生'으로 가야 한다고 주장한다.

대부분 청년들은 결혼을 부담스럽게 생각하듯 통일도 부담스럽게 여긴다. 통일 없이도 평화는 가능하지 않을까? 하는 기대를 하지만, 평화를 지키기 위해서는 강력한 힘(군사력·경제력)이 전제되어야 한다. 타협이나 굴종으로, 또는 어떤 대가를 주고 얻은 평화는 일시적일 수밖에 없다.

젊은 세대는 기성세대에 비해 통일의 비전이나 필요성에 대한 인식과 기대가 낮고, 민족의 동질성 회복에 관심이 낮은 것으로 조사되었다. 그들에겐 '국가에 대한 희생'에 주춤하며 '생존 개인주의'가 그들의 핵심 가치관이 되었다.

세대가 바뀌고 환경이 변화되면 통일정책과 교육도 바뀌어야 할 것이다. 남과 북이 더 이상 적대적 대결이나 경쟁적 소모는 지양하고 각자도생에 충실하도록 변해 가야 할 것이다.

— 미주중앙일보 LA판, 2022. 8. 10

버리기엔 아까운 시간

돌아가기엔 이미 너무 많이 와 버렸고
버리기에는 차마 아까운 시간입니다

어디선가 서리 맞은 어린 장미 한 송이
피를 문 입술로 이쪽을 보고 있을 것만 같습니다

낮이 조금 더 짧아졌습니다
더욱 그대를 사랑해야 하겠습니다

풀꽃 시인으로 잘 알려진 나태주의 시 「11월」이다.
'돌아가기엔 이미 너무 많이 흘러왔고, 버리기엔 차마 아까운 시간'
11월의 어정쩡한 시간을 이렇게 공감 있게 잘 표현할 수 있을까!

11월은 떠나가는 가을이 아쉽고, 다가오는 겨울이 반갑게 느껴지는 달이다. 요 며칠 사이에 조석으론 벌써 알싸한 겨울 추위가 맛보기로 느껴지는 듯하다.

시간과 계절은 서로 앞서거니 뒤따르거니 마냥 달려가더니 덜컹 2022년도의 꽁무니가 저만치 보인다.

대자연의 신비와 섭리, 계절의 변화에 순응하며 오랜 세월 동안 북미 대륙에서 농사와 사냥으로 살아왔던 아메리칸 인디언들에게는 시간과 계절을 아는 지혜가 있었다.

그들은 일 년 열두 달을 주변에 있는 풍경의 변화나 그들 마음의 느낌을 주제로 그 달(月)의 명칭을 정했다.

'기러기가 돌아오는 달(2월)', '생의 기쁨을 느끼게 하는 달(4월)', '옥수수수염이 나는 달(6월)' 등. 계절의 변화를 정서적으로 표현한 달의 명칭이 2월, 4월, 6월 숫자 명칭보다 느낌이 훨씬 더 좋다.

뉴멕시코주와 애리조나주 지역에 산재해 살았던 푸에블로족은 11월을 '만물을 거두어들이는 달'이라 불렀다. 그들이 옥수수와 콩을 추수하고 한 해를 마무리하면서 신께 감사하는 달이 바로 11월이었다.

미네소타주의 아칸스강을 따라 살았던 아라파호족은 11월을 '모두 다 사라진 것은 아닌 달'이라 불렀다. 낙엽이 수북이 쌓이고, 첫눈이 온 땅을 덮어 만물이 감추어졌어도 모든 것이 사라진 게 아니라는 것

> '감사하는 삶'과 '감사하지 않는 삶'은 기독교인이냐 아니냐를 가르는 이분법 문제가 아니라, 삶의 목적과 가치관의 문제라고 본다. 우리도 낯선 타국에 이민 와서 언어장벽, 문화차이, 환경적응, 경제문제, 인종차별, 세대 간의 갈등 등 생존의 고통들이 눈물겹게 힘들었지만 되돌아보면 은혜요, 축복이요, 감사할 일들이 너무나 많다.

을 알았다.

콜로라도주 로키산맥에 거주했던 키오와족은 둥근 달이 뜬 밤하늘에 겨울 철새들이 떼를 지어 날아가는 걸 보며, 11월은 '기러기가 날아가는 달'이라 불렀다.

우리의 달 이름에도 11월을 '미틈달', 12월은 '매듭달', 다음 해 1월은 '해오름달'이라 부른다.

미틈달은 '가을을 밀쳐내고 겨울로 치닫는 달'이라는 데서 유래되었다. 한 해의 힘든 농사와 추수를 마치고, 빨리 겨울 농한기를 맞아 쉬고 싶었던 우리 조상들의 심정을 느낄 수 있는 명칭이다.

미국의 11월은 '감사의 달'이다.

영국인 청교도 102명이 종교의 자유를 찾아 60여 일의 항해로 대서양을 건너 미 대륙에 닻을 내린 때는 1620년 11월 21일이었다. 긴 항해, 질병, 열악한 환경, 혹독한 추위로 이미 절반이 사망했으나, 주위에 거주했던 인디언 왐파노아그족의 도움을 받아 겨우 살아남을 수 있었다.

그들은 이웃 인디언이 전해 준 씨앗과 곡물, 농사법을 배워 눈물로 씨를 뿌리고 열심히 일해서 1621년 11월, 기쁨으로 첫 농사를 추수하고, 이웃의 왐파노아그족을 초대하여 감격적인 '감사의 예배'를 드렸던 것이 추수감사절(Thanksgiving Day)의 전통으로 이어지고 있다. 그때의 감격은 세월이 흐르면서 변질됐지만~

감사절의 기원은 구약성서에 '초막절을 지키라'는 하나님의 명령에 따라 유대인들은 기원전부터 토지의 소산을 추수하여 저장한 후, 7일 동안 감사제를 자손 대대로 지켜 온 것이 기원이라 할 수 있다.

'감사하는 삶'과 '감사하지 않는 삶'은 기독교인이냐 아니냐를 가르는 이분법 문제가 아니라, 삶의 목적과 가치관의 문제라고 본다.

우리도 낯선 타국에 이민 와서 언어장벽, 문화차이, 환경적응, 경제문제, 인종차별, 세대 간의 갈등 등 생존의 고통들이 눈물겹게 힘들었지만 되돌아보면 은혜고, 축복이요, 감사할 일들이 너무나 많다.

되돌아가기엔 너무 멀리 왔고, 버리기엔 차마 아까운 시간, 11월을 감사로 채우면 어떨까!

— 미주중앙일보 LA판, 2022. 11. 1

우리가 쫓는 '러스티Rusty'는 무엇일까

한때 플로리다주에서는 '그레이하운드 경주(Greyhound Racing)'가 폭발적인 인기를 누리던 스포츠였다. 한창 흥행할 때는 미식축구 다음으로 인기가 높았던 도박성 스포츠였다. 동물보호단체들의 비난과 반발로 많은 경주장이 문을 닫았지만, 아직 몇 곳은 여전히 흥행 중이다.

경주가 시작되기 직전, 사육 조련사는 '러스티Rusty'라 불리는 '가짜 토끼'를 가져와서 개들 앞에서 흔들며 펜스 앞을 왔다 갔다 한다. 이때 펜스 안의 개들은 흥분해서 창살에 머리를 들이받으며 토끼를 잡으려고 안달이 난다.

드디어 장내 방송으로 '지금 트랙에 러스티가 등장합니다.'라는 굵직한 목소리가 들리면 군중들이 함성을 지르고 동시에 펜스 문이 열린다. 개들은 당장 러스티를 잡으려고 죽을힘을 다해 튕겨 나간다.

러스티도 개들 앞에서 잡힐 듯 말 듯 트랙을 따라 빠르게 달린다. 트랙을 돌아 결국 결승점까지 도달하면 러스티는 작은 구멍 안으로 갑자기 사라져 버린다.

견사犬舍로 돌아온 개들 중 선두주자로 결승선을 패스한 개가 숨을 헐떡거리며, '조금만 더 빨랐으면 그 토끼를 잡을 수 있었는데, 아~ 정말 아쉽다!' 그러자 2등 주자인 친구 개도 '다음번엔 그 녀석이 내 밥이 될 거야! 오늘 정말 속상하다!'라고 아쉬움을 토로하며 피로감에 털썩 주저앉는다. 물론 그다음 경주에서도 러스티는 무사히 돌아오고, 개들은 매번 죽을힘을 다해 결코 잡지 못할 토끼를 쫓아 달린다.

그레이하운드 경주를 즐기는 다수의 군중(인간)은 이런 생각을 할 것이다.

"멍청한 개들 같으니! 모든 게 조작된 걸 모르고 죽기 살기로 뛰는 거냐? 러스티를 진짜 토끼로 아는 거야?"

혹시, 우리는 새벽마다 잠을 깨워 주는 알람 소리가 '지금 러스티가 등장합니다'라는 장내 방송으로 들리지는 않는지? 급하게 알람을 끄고, 샤워하고, 옷을 주워 입고, 자동차 시동을 걸자마자 일터로 튕겨 나가는 것이 펜스가 열리면 러스티를 잡으려고 트랙을 따라 달리는 그레이하운드와 무엇이 다른가?

우리가 쫓는 러스티는 테슬라 전기차, 새로 지은 콘도, 럭셔리한 사무실, 증권투자, 노후대책 등인가?

청년이라면 새 여친을 찾고, 더 좋은 직장을, 멋진 데이트를, 돈을 벌어 연인과 여행을, 등등 이런 것들이 그들의 러스티일까?

> 혹시, 우리는 새벽마다 잠을 깨워 주는 알람 소리가 '지금 러스티가 등장합니다'라는 장내 방송으로 들리지는 않는지? 급하게 알람을 끄고, 샤워하고, 옷을 주워 입고, 자동차 시동을 걸자마자 일터로 튕겨 나가는 것이 펜스가 열리면 러스티를 잡으려고 트랙을 따라 달리는 그레이하운드와 무엇이 다른가?

러스티를 쫓아 달리는 것은 인생을 끊임없이 경주로 만들고, 경쟁의 끝은 만성 피로와 허무로 이어진다.

어느 날, 경주장의 러스티를 끌어가는 기계에 고장이 발생했다. 그러자 러스티는 뒤쫓아가던 개에게 거칠게 잡아채여 물려 버렸다. 행운의 경주견은 토끼를 물어뜯고 나서야 깨달았다.
"이거 가짜 토끼잖아! 내가 속았네!"
그 개는 다음 경주부터 전속력으로 러스티를 향해 달리지 않는다. 가짜 토끼를 알게 된 개는 조련사에 의해 지체 없이 경주장에서 퇴출되어 버린다.

요즘 한국에선 두 마리의 풍산개를 밖으로 퇴출시킨 사건이 발생했다. 정가政街에선 정치꾼들의 '찬반 논쟁거리'가 되고, 국민들 사이에선 '키우고 정든 반려견을 그렇게 야멸차게 내칠 수 있을까' 하는 게 화두로 떠올랐다.

우리 옛 속담에 '딸은 옆집에 줘도, 개는 옆집에 못 준다'는 말이 있다. 개는 비록 버림을 받더라도 키워 준 주인을 따르는 습성을 두고 비유하여 이르는 말이다.

조련사는 흥행에 경쟁력이 없어진 개에겐 더 이상 애정과 돈, 시간을 투자하지 않는다고 한다.
풍산개의 주인도 조련사 출신이었을까? 결코 애견가는 아닌 것 같다.

— 미주중앙일보 LA판, 2022. 11. 15

제3부

신호등

신호등은 보고 있다

인생은 서두르지 말고 한 걸음씩 안전하게 나아가야 한다.

오르막과 내리막길이 있는 인생길, 서두르다 보면 큰 사고로 이어진다.

삶은 아슬아슬한 길을 달리는 차車와 같다.

잠시만 방심하면 늪지로 빠져 생각지도 못한 일이 생길 수 있다.

달리는 자동차를 정비하지 않으면 사고로 이어지듯, 삶의 길을 달리는 인생도 수시로 마음의 정비를 하지 않으면 잠시의 부주의로 화를 입게 된다.

멈출 때가 있고, 기다릴 때가 있고, 양보할 때가 있고, 참을 때가 있는 삶에서 인생길의 신호등을 잘 지키는 것도 아름답게 살아가는 하나의 방법이다.

나 하나 지키지 않으면 뭐 어때, 하는 안이한 생각이 씻을 수 없는 상처를 남긴다.

그것이 방심이고, 방심 속에 불행이 숨어 있다는 것을 명심하고 가슴 내면에 신호등 하나 밝혀 두면 어떨까.

「인생의 신호등」이라는 좋은 생각, 좋은 글을 소개해 본다.

운전을 하면서 하루에도 몇 번씩 지나치는 신호등. 신호등과의 만남이 반복적이고 만성적이다 보니 신호등이 주는 의미와 중요성을 잊어버리고 살아간다. 운전자, 보행자의 생명을 지켜 주고, 도로상의 질서도 유지시키고, 사고도 미리 방지해 주는 신호등인데~ 신호등에 고맙다는 감사 인사는커녕 짜증을 내며 바쁘게 통과한다.

누군가가 나도 모르게 나를 관찰하고 있다면, 조심스럽고 기분 나쁜 일이다.

하늘의 항공기들, 바다의 선박들은 인공위성이 보고 있고, 거리의 차량들은 신호등이 보고 있다. 인생들이 바쁘게 살아가는 모습을 보고 있다. 다만 밝히지 않을 뿐이다.

경찰은 로스앤젤레스 한인타운의 교통사고 절반이 뺑소니 사고라는 통계를 발표하지만, 신호등은 모두 알고 있다.

'삶'이란 이름으로 우리는 매일 매 순간 달려가지만, 항상 잘 닦여진 아스팔트 길에 파란 신호만 받으면서 가지는 못한다. 때때로 부딪히는 시련, 실패의 빨간 신호에 머뭇거리며 고통스러워한다.

지금도 사거리의 신호등은 차량의 물결을 보면서, 보행자의 상태를 보면서 쉴 새 없이 신호를 보낸다. 지나가도 된다는 파란 신호, 기다림으로 대기하는 게 좋겠다는 노란 신호, 지금 반드시 정지해야 된다는 빨간 신호, 좌회전하라는 화살표 신호… 신호등은 잠시도 쉬지 않고 우리에게 시그널을 보내고 있다.

그렇다고 빨간 신호 앞에서 자포자기하거나 돌아서 버린다면 그건 삶을 접는다는 것 아닌가? 빨간 불을 참고 기다리다 보면 파란 불로 바뀌듯이, 시련과 실패도 참고 견디면 또 다른 기회가 올 것이다.
'신호등은 기다리면 바뀐다'는 믿음이 있기에 묵묵히 기다리는 인내를 갖게 한다.

인생은 마치 달리는 자동차 같다.
인생의 상반기는 언덕길로 힘겹게 올라가는 길이지만, 하반기는 천천히 가야 할 내리막길이다.
언덕길은 액셀을 힘차게 밟고 전진해야 하지만, 내리막길은 브레이크를 자주 밟으며 조심해야 한다.
넓은 길은 달리지만, 좁은 길은 천천히 가야 한다. 인생의 속도를 조절해 주는 것이 '인생의 신호등'이다.

'교통 신호등'은 도심 속에 사는 인생을 상관적으로 유지시키는 가교 역할을 하고 있다. 교통 신호등은 도시계획, 도로설계, 건설 단계에서부터, 즉 도시의 규모, 거리의 폭과 길이, 산업의 분포, 인구의 밀집 현상, 통행하는 차량의 대소 크기와 속도에 따라 교통 신호등의 숫자와 배열, 위치, 크기와 디자인 등이 정해진다.

교통 신호등은 도심의 활기찬 흐름을 조절하고, 도시생활에 활력을 불어넣어 주기 때문에 도시공학, 교통공학, 환경공학에서는 필요충분 조건이다.

지금도 사거리의 신호등은 차량의 물결을 보면서, 보행자의 상태를 보면서 쉴 새 없이 신호를 보낸다. 지나가도 된다는 파란 신호, 기다림으로 대기하는 게 좋겠다는 노란 신호, 지금 반드시 정지해야 된다는 빨간 신호, 좌회전하라는 화살표 신호… 신호등은 잠시도 쉬지 않고 우리에게 시그널을 보내고 있다.

2023년 새해엔 파란 신호가 우리들 삶의 속도에 맞추어 구간마다 펼쳐지기를 기대해 본다.

— 미주조선일보 LA판, 2023. 1. 11.

신호등 없는 미래의 도시로

 호수 위를 뒤덮은 수많은 조류 떼가 하늘로 새카맣게 날아오르면서 방향을 위로 아래로 자유롭게 바꾸어도 서로 부딪히지 않고 자기 길을 날아가는 원리는 무엇일까?

 동굴 속에 빽빽하게 매달려 있던 박쥐 떼가 저녁이면 좁은 동굴 출구를 동시다발로 빠져나오면서도 서로 충돌하지 않고 자유롭게 비행하는 원리는 무엇일까?

 바닷속 작은 물고기 떼가 상어나 돌고래에 쫓기면서도 적에게 크게 보이려고 큰 뭉치를 이루며 유영하면서 서로 충돌하지 않는 그들의 비결도 참으로 궁금하다.

 필자는 80년대 후반과 90년대 초반에 물류 관련 업무로 중국의 항구 도시인 상해로 출장을 자주 다녀왔다. 당시 상해 거리엔 신호등이 없었다. 차선도 없는 도로에 대부분 낡은 노후차량들이 붐비고 있었다. 교차로에선 배짱 좋게 차 머리를 먼저 내미는 운전자가 우선이었다. 양보나 질서는 전혀 기대할 수 없는 곡예 운전장이었고, 불안하기 짝이 없었다. 신호등 없는 도시에서 신호등의 필요성을 그때 절감했다.

최초의 교통신호등은 1868년 영국의 국회의사당 앞에 설치되었다. 당시엔 전기가 아닌 '가스 랜턴 신호등'이었는데, 대낮엔 밝은 햇빛 때문에 흐리게 보였고, 오류도 자주 발생했다고 한다.

전기 신호등은 1914년에 미국 오하이오주 클리브랜드에 최초로 설치되었다. 당시 교통경찰관이던 레스터 와이어Lester Wire는 교통량이 증가하고 차량 속도가 빨라지자, 사람의 힘으로는 한계가 있다고 판단, 일정 구간마다 신호등을 설치해서 교통량을 분산하려는 아이디어를 낸 데서 출발했다. 신호등은 빨간색 단일등으로 불이 켜지면 정지(Stop), 꺼지면 출발(Proceed)하는 방식이었다. 그 당시로선 대단한 교통혁명이었다.

3색 교통신호등(빨강, 파랑, 노랑)은 1920년 디트로이트에서 처음 사용되었다. 1960년대부터 미국의 교통신호등은 컴퓨터 전자식으로 발전했다. 교통량의 시간대별 증감, 종·횡의 차량 흐름, 속도, 날씨의 변화 등을 컴퓨터가 모니터링하여 자동 조절하는 방식이었다.

1990년부터는 신호등에 센서Sensor와 타이머Timer를 부착해 교차로 차량의 흐름을 조절하고, 보행자의 횡단 안전에 큰 도움을 주게 되었

> 엄청난 조류 떼나 물고기 떼의 세계에는 신호등이 존재하지 않아도 충돌사고가 없다. 그들은 '초음파 감지 능력'을 통해 자유롭게 비행과 유영을 하는 것이다. 초음파 감지 시스템이 차량의 통신 시스템에 첨가된다면 차량도 충돌을 피할 수 있을 것이다.

다. 또한 시각장애인을 위해 음향신호기 장치가 부착되고, 횡단도로 바닥에 페인트 도색을 표면보다 높게 칠해 지팡이로 횡단보도와 차도를 구별할 수 있도록 만들었다.

최근 학교 주변 교차로 횡단보도엔 '바닥형 보행 신호등'이 증설되고 있다. 신호등 색깔이 횡단보도에 LED 발광 반사체로 비추어서 어린이나 핸드폰을 보며 걷는 횡단자들이 신호등을 쳐다보지 않고도 안전하게 건널 수 있도록 도와주고 있다.

운전자가 눈으로 사방을 살피면서 운전하던 시대는 지나가고 있다.

신형 차량들은 센서(Short Range Radar)와 내비게이션 시스템(GPS) 및 블랙박스가 갖추어져 있다.

차량 위에서 360도로 내려다보는 영상 스크린으로 운전 환경도, 파킹도 쉬워졌고, 집 안에서 파킹장에 있는 차량의 시동을 걸 수 있고, 운전 중에 집 안의 가전제품들까지 제어할 수 있는 기능까지 갖추고 있다. 차량의 시스템이 목표를 찾아가며 안전을 책임지는 시대가 되었다.

엄청난 조류 떼나 물고기 떼의 세계에는 '신호등'이 존재하지 않아도 충돌사고가 없다. 그들은 '초음파 감지 능력(Ultrasound Detection ability)'을 통해 자유롭게 비행과 유영을 하는 것이다.

초음파 감지 시스템(USS)이 차량의 통신 시스템에 첨가된다면 차량도 충돌을 피할 수 있을 것이다.

카네기 멜론대학 연구팀은 지난 수년간 차량들 간에 통신 시스템에 초음파 감지 센서를 크착하여 차량끼리 실시간 제어하는 시뮬레이션을 진행하면서 개발을 서두르고 있다.

이 시간에도 교차로엔, 파란 신호등을 받은 차량들은 신나게 달려 나가고, 빨간 신호등 앞에는 강제 정지 명령을 받은 긴 행렬들이 삶의 시간에 쫓기는 '집단 스트레스(Group Stress)'에 쌓여 있다.

머지않아 신호등 없는 미래의 도시, 교차로에 길게 줄지어 신호를 기다릴 필요가 없는 거리를 연상해 본다.

— 미주조선일보 LA판, 2023. 1. 25

'파로스'와 '팔미도'의 등대

지상 도로에 '신호등'이 있다면, 뱃길에는 '등대'가 있다.

섬이나 바닷가 항구에 가면 파란 바다 위로 흰 거품을 일으키며 밀려오는 파도를 배경으로 외롭게 우뚝 서 있는 등대를 만날 수 있다. 관광객들에겐 한낱 로맨틱한 관광 조형물로만 보이지만, 수산업이나 해운업에 종사하는 사람들에겐 등대란 달빛 없는 망망대해茫茫大海에서 유일하게 기댈 수 있는 구명줄이며, 신호등이다.

'등대'의 사전적 풀이는 '항로 표지의 하나로, 섬이나 바닷가에 탑 모양으로 높이 세워져서, 밤에 항해하는 배의 목표, 뱃길, 위험 등을 알려 주려고 불을 비춰 주는 건축물'이라고 설명하고 있다.

먼 옛날 등대가 세워지기 전에는 선박의 항구 유도를 위해 낮에는 연기를 피워 올리고, 밤에는 횃불을 밝혔다는 기록들이 남아 있다. 섬들로 구성된 그리스는 기원전 5~6세기경부터 횃불과 연기로, 또는 항구 입구에 등표Beacon를 설치해 배를 유도했다는 기록이 발견되었다.

우리나라의 『삼국유사』에도 가야의 김수로왕(AD 59년)이 붉은색 깃발을 단 배를 보고 봉홧불을 올려 배를 유도했다는 내용이 나온다.

세계 최초의 등대는 BC 280년경, 이집트 알렉산드리아항 입구 '파로스Pharos섬'에 세워진 등대로, 이집트 피라미드와 함께 고대 7대 불가사의 건축물 중 하나로 유명하다.

그 옛날 이집트는 무슨 목적으로 이렇게 거대한 등대를 세웠을까?

'지중해'는 '육지 가운데 있는 바다'라는 뜻인데, 이집트, 팔레스타인, 그리스와 로마, 유럽 등이 지중해를 둘러싸고 있기 때문에 기원전부터 해상무역이 성행하여 선박들의 운항이 많았으며, 특히 알렉산드리아항은 당시 가장 큰 무역항이었다.

무역상들은 선박이 안전하게 찾아올 수 있도록 항구에 거대한 조형물(신전)이나 기념물(동상)을 세워 안전한 입항을 유도했지만 흐린 날이나 밤에는 항해에 큰 도움을 주지 못한다는 것을 깨달았다. 즉, 야간에도 볼 수 있는 장치를 고안하게 된 것이다. 이 장치가 바로 BC 280년경 파로스섬에 역사상 가장 크고 높은 등대를 세우게 된 것이다.

파로스 등대는 흰 대리석으로 130m의 높이로 3개 층으로 이루어졌고, 탑 꼭대기엔 화강암 반사경 앞에서 야자나무 땔감을 태워, 불빛이 무려 해상 47㎞ 거리까지 비추었다고 한다.

등대의 형상은 피라미드처럼 맨 아래층은 넓은 정사각형의 성채,

세계 최초의 등대는 BC 280년경 이집트 알렉산드리아항 입구 파로스섬에 세워진 등대로, 이집트의 피라미드와 함께 고대 7대 불가사의 건축물 중 하나로 유명하다. 흰 대리석으로 130m의 높이로 3개 층으로 이루어졌고, 탑 꼭대기엔 화강암 반사경 앞에서 야자나무 땔감을 태워, 불빛이 무려 해상 47㎞ 거리까지 비추었다고 한다.

중간층은 팔각형, 맨 위층은 원형으로 높이 올라갈수록 좁아지고, 등대의 내부에는 약 300개의 방이 있어 병사들의 숙소로 사용되었다고 한다.

이 등대는 약 1600년간 지중해 뱃사람들의 길잡이로 사용되었고, 워낙 유명해지다 보니 '파로스'라는 말 자체가 그리스어와 라틴어에서 '등대'라는 뜻으로 통용되었다.

파로스 등대는 3차례의 대지진과 잦은 벼락으로 허물어져 폐허로 남았다가, AD 1480년 이집트 맘루크 왕조 때 그 자리에 요새(카이트베이 요새)를 건설했다.

최근 알렉산드리아 해저 부근에서 파로스 등대의 잔해가 수백 점 인양되어 이집트의 '고대유물위원회'가 등대 복원을 추진하기로 결정하고, 유네스코 '세계유산보존위원회'와 협의 중에 있다고 밝혔다.

한국의 최초 등대는 인천 앞바다의 '팔미도' 등대로 1903년 4월에 건축되었으며 6월부터 첫 불을 밝혔다. 현재 인천광역시의 유형문화재 40호로 보존되고 있다.

해발 71m 팔미도의 정상에 약 8m 높이로 세워진 이 등대는 6·25 전쟁 당시 연합군 함대의 야간 시야를 밝혀 줌으로써 인천상륙작전을 성공적으로 이끄는 데 핵심적 역할을 했다고 한다.

한편 미국에서 가장 오래된 등대는 메인주의 케이프 엘리자베스에 있는 '포틀랜드 헤드라이트Portland Headlight'이다. 1787년 조지 워싱턴의 지시로 건설하기 시작해서 1791년에 완공되었으며, 아름다운 경관 속에 등대가 조화롭게 잘 어우러져 관광명소로 꼽히고 있다.

시인 롱펠로가 이 등대를 자주 찾았고, 이곳에서 많은 시를 지었다고 한다.

— 미주조선일보 LA판, 2023. 2. 8

사라지는 직업, 등대지기

얼어붙은 달그림자 물결 위에 차고

(중략)

생각하라 저 등대를 지키는 사람의

거룩하고 아름다운 사랑의 마음을….

어린 시절부터 익히 불러 온 동요, 가히 국민가요라 할 만큼 불려 오는 「등대지기」, 서정적인 노랫말과 아름다운 멜로디가 우리 머릿속에 깊이 박혀 있다.

이 노래의 원곡은 19세기 미국 찬송가 〈The Golden Rule〉에 실린 작자 미상의 찬송이었는데, 메이지明治 시대 때 일본에 전래되었고, 그 일본어 가사를 한국어로 번안한 것이라 한다.

등대지기(Lighthouse Keeper)는 항해자들에게 선명한 불빛을 비추어 주고, 등대를 관리하는 사람이다. 예전의 등대지기는 기름통에 늘 기름을 채워 램프 심지에 불이 꺼지지 않도록 살피고, 램프 유리창에 그을음이 끼지 않도록 닦아 내고, 안개 낀 흐린 날에는 무적霧笛(Foghorn)을 울려 소리가 멀리까지 퍼지게 하는 일이 본업이었다. 또 등대탑이나 등대 주변에 바닷새 무리의 배설물이나 버려진 둥지를 치우고 소독하는 작업도 해야 했다.

현대판 등대지기의 본업은 좀 진화되었다. 등명기(Gyroscope Light)가 밝게 잘 작동하도록 발전기와 관련 장비를 늘 점검하고, 해양기상을 관측해 3시간마다 기상청이나 해경에 보고하고, 안개나 구름이 짙은 흐린 날엔 음파 송신기를 작동시키고, 선박들과 무선통신도 주고받는 일을 한다. 주말이나 연휴엔 방문하는 관광객들에게 등대의 역사, 역할을 설명하고, 전망대와 화장실을 개방하는 일도 한다.

최근엔 정보통신 기술의 발달로 대부분의 선박들은 항로시스템(GPS)과 레이더를 장착하고, 해양기상 정보를 실시간에 공급받으므로 등대 의존도가 예전보다 훨씬 약화되었다. 엎친 데 덮친 격으로 등대지기 직업을 기피하는 현상으로 유인등대가 점차 무인등대로 전환되고 있다. 물론 오랜 역사를 지닌 석조 대형등대는 관광용, 또는 보존용으로 등대지기에 의해 관리되고 있다.

'어두운 세상을 밝히고, 냉혹한 민심 속에 누군가에게 등불이 되는 사람'도 등대지기라고 한다. 인생도 어찌 보면 세파에 흔들리며 방향

> 어두운 세상을 밝히고, 냉혹한 민심 속에 누군가에게 등불이 되는 사람도 등대지기라고 한다. 인생도 어찌 보면 세파에 흔들리며 방향 잃고 떠내려가는 일엽편주에 불과한데, 누군가의 격려의 말 한마디는 등대의 불빛처럼 내 존재의 좌표를 인식하는 데 도움이 되기 때문이다.

잃고 떠내려가는 일엽편주─葉片舟에 불과한데, 누군가의 격려의 말 한마디는 등대의 불빛처럼 내 존재의 좌표를 인식하는 데 도움이 되기 때문이다.

　가족에게는 가장이 등대요, 제자들에겐 선생님이 등대이며, 백성들에겐 임금님이 등대이다.

　지금도 지구촌 한편에서는 거의 1년 이상 전쟁으로 수많은 인명이 살상되고 도시가 파괴되고 있다. 또 다른 한편에선 대지진으로 졸지에 건물들이 무너져 잿더미 속으로 수많은 생명이 묻혀 버리고 생의 터전을 잃어버린 유족들의 처참한 울음소리가 들리는 듯하다.

　아비규환 같은 현장에서 우방국들이 보내온 구조대와 구호품은 그들에게 한 줄기 빛이자 등대가 될 것이다.

　별 하나 보이지 않는 칠흑 같은 밤에 큰 여객선 하나가 클리브랜드 항구로 향하고 있었다. 때마침 폭풍이 불어 파도는 산처럼 밀려오기 시작했다. 배는 거의 클리브랜드 근처에 가까이 왔는데 등대 불은 비추지 않았다.

선장은 당황해서 견시원(Crew of Lookout)에게 물었다.

"여기가 분명히 클리브랜드 항인가?"

"네, 분명히 클리브랜드 항입니다."

견시원은 대답했다.

선장은 근심스런 소리로,

"그런데 왜 등대가 보이질 않는 거야?"

"등대불이 다 꺼져 있는 것 같습니다."

견시원이 힘없이 대답했다.

그날 밤, 그 배는 프도에 밀려 항로를 잃었고, 결국 암초에 부딪혀 침몰하면서 대형 참사를 빚었다.

평신도 설교자 무디(D. L. Moody) 전도집회의 찬송 인도자였던 블리스(P. P. Bliss)가 당시(1871년) 미시간 호수의 해상사고를 떠올리며 작사, 작곡한 찬송이 지금도 널리 불리는 「하나님의 진리등대」이다.

> 하나님의 진리 등대 길이길이 빛나니
> 우리들도 등대 되어 주의 사랑 비추세
> 죄의 밤은 깊어 가고 성난 물결 설렌다
> 어디 불빛 없는가고 찾는 무리 많구나
> 우리 작은 불을 켜서 험한 바다 비추세

물에 빠져 헤매는 이 건져내어 살리세

남을 위해 등불을 밝히다 보면 내 앞이 먼저 밝아진다.

바다의 등대지기는 사라져 가지만, 험한 세상을 밝게 비추어 주는 등대지기는 더욱 절실해진다.

— 미주조선일보 LA판, 2023. 2. 22

하늘의 교통경찰, 타워지기

조종사　메이데이! 메이데이!

관제사　여기는 관제탑, 무슨 일인가?

조종사　UA303이다. 조류 충돌(Bird Strike)로 엔진 고장이다. 비상착륙 시도하겠다.

관제사　알겠다! 3번 활주로를 비우겠다. 연료 덤핑하고 착륙하라!

조종사　알았다!

공항 3번 활주로 주변엔 소방차량, 의료차량, 의료팀, 구조팀, 각종 장비 등이 긴급하게 집결한다.

비행기가 긴급하게 비상착륙을 시도하는 장면, 영화나 TV 드라마에서 한 번쯤 보았던 장면이다.

만약 항공기가 비행 중에 문제가 발생하면 조종사는 가장 먼저 누구를 찾을까?

'메이데이Mayday'는 긴급하고 위험한 일이 발생했을 때, 구조신호로 쓰이는 항공통신 용어이다. 이 용어는 불어의 '메데M'aider'에서 기인된 말로 '도와줘(Help me)'라는 뜻이다.

'하늘길'은 무한대의 깜깜이 길이다. 바람, 구름층, 천둥, 번개, 난기류가 항시 변화무쌍하게 존재하는 공간이다. 항공로는 그 속에 거미줄처럼 얽혀 있다. '아는 길도 물어서 가라!' 했던가.

항공로에서 신호등과 교통경찰의 역할을 하는 사람이 바로 '타워지기'이다.

'등대지기'가 배의 통행을 돕는 사람이라면, '타워지기'는 항공기의 비행을 돕는 사람이다.

정식 명칭은 '항공교통관제사(Air Traffic Controller)', '타워지기'는 애칭이다.

그는 조종사와 직접 무선통신을 사용해 항공기 이·착륙 순서와 시간을 명령하고, 바람의 방향, 속도, 가시거리, 사용 활주로 등 정보를 제공하고, 항공기들 간의 공중 충돌 예방, 지상에서 이동 중인 항공기 또는 장애물과의 충돌 방지, 항공교통 흐름의 조절과 촉진 업무를 총괄 관제한다.

관제사와 조종사들 간의 소통은 반드시 영어로 하며, 정해진 항공 전문약어를 혼합해 사용한다.

하늘길은 무한대의 깜깜이 길이다. 바람, 구름층, 천둥, 번개, 난기류가 항시 변화무쌍하게 존재하는 공간이다. 항공로는 그 속에 거미줄처럼 얽혀 있다. '아는 길도 물어서 가라!' 했던가. 항공로에서 신호등과 교통경찰의 역할을 하는 사람이 바로 타워지기이다.

　항공교통관제는 항공기의 운항 범위를 단계별로 분리해서, 즉 '비행장관제', '접근관제', '항로관제'의 3분야로 특화 구분하여 통제하고 있다.

　비행장관제는 공항 내 이·착륙 항공기 관제와 램프 내의 항공기, 차량, 장비 등의 이동 상황을 통제한다.

　접근관제는 공항 관제의 통제를 벗어난(상공 18,500Ft 안에 있는) 항공기에 대해 항공기가 이륙한 직후부터 정상 고도에 오를 때까지, 반대로 도착하는 항공기는 정상 항로에서 공항 착륙까지 통제한다.

　항로관제는 정상 고도에서 비행하는(상공 18,500Ft 이상) 항공기에 대해 항로의 허가, 안전거리 유지, 고도 확인, 비행 방향 등을 통제한다.

　항공기가 동시에 동일 항공로를 이용할 경우, 자칫 엄청난 대형 충돌 참사가 발생할 수 있다. 따라서 타워지기의 교통 통제와 지시, 명령에 대해 조종사는 반드시 복창하고 복종해야 한다.

　역사상 최악의 항공기 참사는 1977년에 발생한 테네리페섬 공항 참사(Tenerife Airport Disaster)이다. 팬암(미국) B747기와 KLM(네덜란드) B747기가 공항 활주로에서 충돌해 583명이 끔찍하게 사망했다.

두 항공기의 목적지는 대서양의 휴양지인 카나리아Canarias섬, 라스팔마스Las Palmas 공항이었다.

팬암기는 LA를 출발, 뉴욕을 경유해 대서양을 거의 건넜고, KLM기는 암스테르담에서 출발해 목적지에 거의 도착했을 때, 라스팔마스 공항에 폭탄테러가 신고돼 '임시 공항 폐쇄' 통고를 받았다. 두 항공기는 관제소의 지시에 따라 대체공항인 테네리페섬의 공항에 임시 착륙했다.

약 2시간이 지난 후, 라스팔마스 공항의 폐쇄가 풀렸다. 테네리페 공항관제소는 먼저 착륙한 KLM기에게 이륙준비를 지시했는데 KLM기 기장은 이륙허가로 이해했다. KLM기의 기장은 브레이크를 해제했고, 부기장은 '이륙한다!'를 복창하고 활주를 개시했다.

전속력으로 활주하던 KLM기가 활주로 끝에 택싱 중인 팬암기를 발견한 순간, 제동(Brake)은 이미 불가능했다.

사고조사위원회에 의해 관제사와 조종사 간의 소통 오류, 조종사의 조급한 심행, 짙은 안개 등이 사고원인으로 밝혀졌다. 사소한 실수가 엄청난 참사를 빚었다.

여행객의 폭증은 항공기의 증가, 신속화, 대형화를 가져왔다. 하지만 공항은 규모나 시설 면에서 여행객의 폭증과 비행기의 증가를 소화하지 못해 '공항교통체증' 현상을 초래하고 있다.

교통체증은 사람의 행동을 조급하게 만든다. 왕래가 많고 조급하게 빨리 다닐수록 세상은 좁아진다.

오늘도 좁아진 지구촌 하늘길에 수많은 항공기가 '타워지기'의 관제에 따라 비행 중에 있다.

저 많은 비행기에 탑승한 승객들은 누구를 가장 의지할까?

— 미주조선일보 LA판, 2023. 3. 8

비행기는 왜 왼쪽 문으로만 탑승할까

조국을 떠나 미국으로 이민 올 때 우리는 모두 비행기를 타고 태평양을 건너왔다. 여권, 항공권, 이민서류, 이민 가방 등 복잡한 탑승 절차를 거친 후 환송 나온 가족들, 친지들, 친구들과 작별의 인사를 나누고 정신없이 게이트를 빠져나와 비행기에 올랐을 것이다.

지정된 좌석에 앉아 창밖을 내다보며, 아~ 정든 조국을 드디어 떠나 낯선 땅으로 날아가는구나! 감회에 젖어 눈시울이 붉어지거나 복받쳐 오르는 감정을 억누르기도 했을 것이다.

그때를 회상해 보니 비행기의 왼쪽 문으로 탑승한 것 같다.

가끔 뉴스에 등장하는 대통령의 해외순방 출국 장면도 전용기의 왼쪽 문 앞에서 손을 흔들며 인사를 한다. 그러고 보니 어떤 비행기든지 승객의 탑승은 왼쪽 문으로만 하는데, 그 이유가 궁금하다.

비행기에 탑승하는 방법은 크게 3가지다.

① 비행기 자체의 지단으로 탑승하는 방법. 주로 소형기는 문 안쪽이 계단이며 밑으로 내리면 스텝이 된다.
② 계단 차량(Step Car)을 이용해 탑승하는 방법. 작은 공항, 또는 터미널에서 떨어진 주기장에서 탑승할 때, 램프버스로 승객들을 비행기 옆까지 실어 나른 후, 스탭카Step-Car를 이용해 오르는 방법이다.
③ 탑승교(Boarding Bridge)를 비행기 왼쪽 문에 연결하여 수평 보행으로 탑승하는 방법. 대부분 현대식 공항은 '보딩 브릿지'가 터미널마다 여러 개가 설치되어 주로 대형기와 중형기에 연결하여 사용한다.

그런데 이들 3가지 탑승 방법 모두가 비행기의 왼쪽 문으로 탑승하거나 내리거나 한다. 비행기의 오른쪽 문은 단지 기내식사, 기내물품 등을 싣고 내리는 데만 사용되고 있다.

필자는 항공사에서 17년, 해운사에서 15년을 일하며 청·장년 시절을 보냈다. 그러다 보니 항공사의 관행과 사용했던 용어들이 대부분 해운사의 관행들과 동일하거나 비슷하다는 것이 신기했다. 비행기와 배의 어떤 연결 고리, 즉 비행기는 배의 후손 격이라는 것을 암시해 주는 듯했다.

배는 하늘을 날 수 없고, 비행기는 바다에 떠다닐 수가 없는 전혀 다

> 배의 역사는 수천 년에 이르지만, 항공기는 고작 120년의 역사이다 보니, 비행기 조종을 위해서는 배의 항해술과 지식이 필요했을 것이다. 오랜 시간 습득된 선박의 경험이 비행기로 전수되면서 용어나 관행이 자연스럽게 넘어온 것이다.

른 운송수단인데 어떤 공통점이 있을까?

둘의 공통점은 '길을 찾는 방식'이 같았다. 배의 항해사들은 망망대해에서 별을 보거나 나침반을 이용해 방향을 잡아 목적항을 찾아갔다. 초창기의 비행기도 별과 나침반을 이용해 목표 공항으로 날아갔다.

또 배는 '바람과 파도'를 이용하며 항해했는데, 비행기도 '공기의 흐름'을 활용하는 공통점이 있다.

배의 역사는 수천 년에 이르지만, 항공기는 고작 120년의 역사이다 보니, 비행기 조종을 위해서는 배의 항해술과 지식이 필요했을 것이다. 오랜 시간 습득된 선박의 경험이 비행기로 전수되면서 용어나 관행이 자연스럽게 넘어온 것이다.

항구를 영어로 'Port'라 하고, 공항을 'Air-port'라 한다. 독일어도 항구를 'Hafen'이라 하고, 공항은 'Flug-hafen'이라 한다. 모두 배가 정박하는 항구가 어근語根이다.

배의 조타실과 비행기의 조종실도 공히 'Cockpit'이라 하고, 배의 방향타와 비행기의 방향타를 'Rudder'라고 부른다. 배의 선장과 선원, 비행기의 기장과 승무원을 공히 'Captain, Crew', 입항허가증인

'Pass-port'도 공항에서 여권으로 사용하고 있다.

항해와 항공 분야에서 좌현左舷은 'Port', 우현右舷을 'Starboard'라고 부른다. 보통 좌, 우는 Left & Right를 사용해야 맞는 말인데, 선박과 항공 분야에선 Port(좌)과 Starboard(우)를 사용한다.

Starboard에서 Star는 '별'이지만, 항해에서는 '방향을 조절한다'는 'Steer'에서 유래된 단어이다.

해적 바이킹들의 배를 보면 배의 방향노(Steering Oar)가 모두 우현 뒤쪽에 붙어 있다. 팔 힘으로 조절하던 방향노는 강한 팔이 필요했는데, 예나 지금이나 오른손잡이가 인구의 90%를 차지했기 때문이다.

비교적 수심이 얕은 항구에 배를 접안시키려면 배의 오른편엔 방향노가 옆으로 튀어나와 밑으로 길게 뻗어 있어서 정박이 불가능하니 좌현(Port)으로만 정박할 수밖에 없었다.

배를 좌현으로 항만에 접안시키고 사람도 화물도 오르내렸던 오랜 역사가 있으니, 배의 후손 격인 비행기의 접안(탑승 방향) 역시 선박의 관행에서 도래되었다.

비행기에 탑승할 때 왜 왼쪽 문만 사용하는지, 그 궁금증을 배를 통해 알아보았다.

인류가 비행 구조물을 만들어 처음 실험을 추구했던 장소는 주로 넓은 평지의 해변이었다. 이때 필요한 용어나 정보들을 해변에 정박했던 선박으로부터 배우는 것이 쉬웠고 소통도 용이했을 것이다.

오른손잡이가 많은 세상, 그들 오른손으로 휘젓던 배의 방향노, 방향노 때문에 좌현 접안을 하게 된 배, 그 관행을 이어받은 비행기, 그리고 오늘도 비행기의 왼쪽 문(Portside Door)으로 탑승하는 우리들…. 오른손잡이에서 출발한 연결 고리들이 흥미롭다.

— 미주조선일보 LA판, 2023. 3. 22

선박의 '평형수(Ballast Water)' 이야기

부두에 정박한 대형 선박들이 옆구리로 물을 쏟아내는 모습을 본 적이 있을 것이다. 배의 사이즈가 클수록 오랫동안 물을 쏟아내는데 과연 이 물의 용도는 무엇이며, 왜 쏟아내는 것일까?

수년 전부터 한국 사회를 뒤흔들었던 사건, 아직도 그 상흔이 가시지 않고 있는 사건은 '세월호 침몰'사고다. 좌초설, 폭침설, 고장설, 음모론 등 괴담과 억측으로 많은 재정과 시간을 낭비했고 정치적·사회적으로 혼란만 가중시킨 해상사고였다.

선박의 '평형수平衡水(Ballast Water)', 이 낯선 단어는 세월호 침몰의 원인으로 등장했던 용어다. 그 기억을 소환해 본다.

세월호 사고의 주원인은 고속 항해 중 급격한 각도의 변침으로 배가 왼쪽으로 기울어졌다. 이때 선체 내의 화물들이 좌측 쏠림 현상으로 배의 복원력이 상실되었다. 세월호는 화물을 적정량 톤수보다 훨씬 초과하여 선적했고, 대신 배의 평형수를 초과 감소시킨 결과로 밝혀졌다.

배는 물속에 적당히 가라앉아야 배의 프로펠러(추진기)와 방향타가 효율적으로 작동하기 때문에 안전한 항해를 할 수 있다. 만약 배가 물 위로 떠오르면 프로펠러의 효율이 떨어지고, 배의 무게중심이 높아지거나 한쪽으로 쏠리는, 즉 균형을 상실하는 위험이 발생하게 된다.

이런 위험을 방지하기 위해 배의 밑바닥에는 '발라스트 탱크Ballast Tank(물을 담는 공간)'가 설치되어 있다. 이 탱크에 채우는 바닷물을 '평형수'라고 한다.

'Ballast'는 영어의 'Bale(짐짝)'과 게르만어의 'last(짐)'가 결합된 합성어로 만들어졌다. 철도의 선로에 깔린 자갈이나 시멘트 콘크리트의 집합체를 발라스트라 한다. 침목이나 콘크리트 받침으로 열차의 중량을 지면에 고르게 전달하여 열차의 탈선을 방지한다.

배에 화물을 선적하면 무게 때문에 배가 가라앉고, 화물을 하적하면 가벼워져서 물 위로 뜨게 된다. 따라서 화물을 하적하면 반드시 발라스트 탱크에 평형수(海水)를 채워 배를 가라앉혀서 배의 중심과 균형을 유지해야 한다. 화물을 선적하면 그 무게만큼 채워져 있던 평형수를 빼내게 된다. 또 한쪽으로 기울면 반대쪽에 평형수를 채워 좌우 균형도 맞추어야 한다. 배의 무게와 균형을 잡는 일은 매우 중요하기 때

> 배가 풍랑에 쉼 없이 흔들리면서도 앞으로 항해하듯이, 사람도 끊임없이 흔들어 대는 세 파에 시달리며 내일을 향해 살아가고 있다. 배에 평형수가 필요하듯이, 사람에게도 평정심이 필요하다. 평정심이란 외부의 어떤 충격에도 동요하거나 허둥대지 않고 항상 평안한 감정을 유지하는 마음이다.

문에 경험이 많은 일등항해사가 주로 관리한다.

 선박의 평형수는 배를 안전하게 하지만, 해양 생태계에 큰 변화를 끼치는 단점도 있다. 최근 미국 동부 근해에는 지중해의 얼룩무늬홍합이 번식하여 미국 토종 홍합을 몰아내는 생태계의 변화가 발견되었다. 지중해 홍합이 발도 날개도 없는데 어떻게 미국 동부해에까지 와서 서식하게 되었을까. 지중해나 유럽에서 온 선박들의 평형수에 실려 와서 미국 항구에서 평형수를 배출시킬 때 떨어진 것이다.

 지상에서는 인종들의 이민移民이 있지만, 해저에도 생태계의 이전移轉이 일어나고 있는 것이다.

 국제해사기구(IMO)의 보고서에 의하면, 세계 각국을 이동하는 배의 연간 평형수 배출은 약 100억 톤에 달하며, 약 7 000여 종의 해양 생물이 이동하므로 평형수가 해양 생태계를 변화시키는 주범이라고 발표했다. 이를 방지하기 위해 발라스트 탱크에 여과용 필터Filter 설치를 권고하고 있다.

사람과 배는 상호 공통점이 있다.

사람이 물을 마시면 일정시간이 지난 후 배설하듯이, 배도 평형을 유지하기 위해 물을 마시고 배설한다.

사람(특히 여성)은 하반신 노출을 심히 부끄러워한다. 배도 화물의 무게나 평형수의 무게로 인해 좀처럼 아랫부분(빨간색 하체)을 물 위로 드러내 보이지 않는다. 배의 아랫부분은 수리를 위해 육지에 오를 때만 볼 수 있다.

여자와 배는 나이가 들수록 화장발이 진해진다. 화장도 자주 하고, 피부 보호에 더 많은 투자를 하게 된다.

바닷바람과 파도는 배의 피부를 금방 녹슬도록 부식腐蝕을 촉진한다. 따라서 선원들은 시간 날 때마다 선박의 피부에 녹을 벗기고 페인팅을 한다. 이 작업을 여성에게 화장시키는 것에 비유한다. 그래서 배는 항상 여성으로 대접받는다. 영어로 She와 Ship으로.

배가 풍랑에 쉼 없이 흔들리면서도 앞으로 항해하듯이, 사람도 끊임없이 흔들어 대는 세파에 시달리며 내일을 향해 살아가고 있다. 배에 평형수가 필요하듯이, 사람에게도 평정심平靜心이 필요하다.

평정심이란 외부의 어떤 충격에도 감정의 기복 없이 동요하거나 허둥대지 않고 항상 평안한 감정을 유지하는 마음을 뜻한다.

— 미주조선일보 LA판, 2023. 4. 5

날짜변경선에 얽힌 이야기

한국에서 미국으로 향하는 비행기 안에서 있었던 흥미로운 이야기다. 창가에 앉은 한 승객이 계속 창문 커튼을 열어 놓고 창밖을 열심히 내다보고 있었다. 지나가던 여승무원이 물었다.

"무엇을 그리 열심히 보고 계십니까?"

그러자 그 승객이,

"날짜변경선을 보려고 계속 내려다보고 있는데 아직 안 보이네요"라고 대답해 주위 승객들이 한바탕 배를 잡고 웃었다는 얘기다.

날짜변경선은 태평양 한가운데 있지만, 태평양 바다 위에 굵은 선이 그어져 있는 것은 아니다.

'날짜변경선(International Date Line)'이란 영국에 위치한 '그리니치천문대(Royal Greenwich Observatory)'를 기준으로 동경과 서경 180도에

그려진 지도상의 가상 선線이다.

예를 들면, 영국의 시간이 표준시로 1월 1일 낮 12시일 때, 동경 180도에서는 1월 2일 0시(12시간 빠름)가 되고, 서경 180도에서는 1월 1일 0시가 되는(12시간 늦음) 원리이다.

날짜변경선이 태평양 한가운데로 지나가는 것은 날짜가 바뀌어도 불편을 겪지 않도록 사람들이 살지 않는 곳으로 정했기 때문이다. 특히 북쪽으로는 미국의 알류산 열도(Aleutian Islands)와 러시아의 캄차카 반도(Kamchatka Peninsula) 사이로, 남쪽으로는 뉴질랜드 동쪽으로 약간 휘어져 있다. 같은 나라 안에서 날짜가 변경되는 것을 방지하기 위해 옆으로 휘어져 있는 것이다.

지구상에서 아침 해가 가장 먼저 뜨는 나라는 어디일까? 남태평양의 섬나라 '사모아Samoa'이다.

사모아는 원래 단일민족이나 정치적으로 2개 국가로 쪼개져 있는 분단국이다. 날짜변경선을 경계로 서쪽의 섬들은 '사모아'로 영국령이며, 동쪽의 섬들은 '아메리칸 사모아'로 미국령이다. 두 나라의 거리는 아주 가깝지만, 날짜변경선이 두 나라 사이를 지나기 때문에 나라 간의 시차는 24시간이다. 따라서 해가 가장 늦게 지는 나라는 '아메리칸 사모아'이다.

사모아는 2011년 12월 31일까지는 지구상에서 해가 가장 늦게 지는 나라였다. 주산품인 코코넛과 생선을 이웃 나라 호주와 뉴질랜드에 수출하고, 대신 생필품을 수입하고 있다. 날짜변경선 때문에 주요 무역상대국인 호주와 뉴질랜드와의 무역거래에 불편이 많았다. 2012년 1월 1일을 기해 날짜변경선의 서쪽 시간대를 선택함으로써 무역거래의 불편이 해소되었고, 지구상에서 아침 해가 가장 먼저 뜨는 나라가 되었다.

아메리칸 사모아는 날짜변경선을 조정하지 않고 있어서 지구상에서 가장 늦게 해 지는 나라가 되었다.

태평양 가운데의 이 날짜변경선을 기준으로 날짜는 물론, 자연환경에 대한 명칭까지 바뀌게 된다.

날짜변경선을 기준으로 동쪽에서 생성된 열대성 저기압을 '허리케인Hurricane'이라 부른다. 그리고 서쪽에서 발생한 열대성 저기압은 '태풍Typhoon'이라고 한다.

허리케인은 그 이름을 '하와이 남자아이의 이름'을 붙여서 명명하지만, 이 허리케인이 소멸되지 않고 계속 서쪽으로 이동해 날짜변경선을 넘어가면 태풍의 이름(태풍위원회가 만든 이름)으로 바뀐다.

아시아에서 미국으로 항해하는 상선(Container Ship)들이 날짜변경선을 지날 때 늘 행하는 의식이 있다. 바로 '고사告祀' 행사이다. 배의 안전한 항해와 바다 날씨가 잔잔하기를 기원하는 제사 의식이다.

고사를 지낸 후, 선원들 간, 또는 상하급 간에 고사 음식을 나눠 먹으며 흥겨운 시간. 친목도 다지고 좁은 공간에서 일하면서 쌓인 피로와 정신적 갈등을 해소하는 계기로도 사용되었다.

남태평양의 '사모아'는 원래 단일민족이나 정치적으로 2개 국가로 쪼개져 있는 분단국이다. 날짜변경선을 경계로 서쪽의 섬들은 '사모아'로 영국령이며, 동쪽의 섬들은 '아메리칸 사모아'로 미국령이다. 날짜변경선이 두 나라 사이를 지나기 때문에 나라 간의 시차는 24시간이다. 지구상에서 해가 가장 먼저 뜨는 나라는 '사모아'이고, 해가 가장 늦게 지는 나라는 '아메리칸 사모아'이다.

지구의 자전自轉은 매 시간 서에서 동으로 15도씩 돌아서 360도에 이르면 24시간이 된다.

영국 그리니치천문대 자오선을 기준으로 15도 단위로 끊으면, 지구 전체가 24개 구역으로 나누어진다.

보통 대부분의 나라는 1개의 시각대를 정해서 사용하지만, 중국, 미국, 러시아, 캐나다 같은 나라는 땅이 너무 넓어서 1개의 시각대론 생활이 매우 불편하다.

중국은 광대한 영토에 걸쳐 5개의 시간대가 존재한다. 그러나 중국은 현재 수도 베이징北京을 기준으로 1개의 시각대로 통일해 사용하고 있어서 불편한 상황이 한두 가지가 아니다. 예를 들면 중국의 서부지역 학교들과 동부지역 학교들이 동일시간에 시작한다면, 서부지역 학교들은 꼭두새벽에 등교하고, 동부는 한낮에 등교하는 상황이 연출되는 셈이다.

미국 본토에는 넓은 땅을 따라 4개의 시간대가 나란히 펼쳐져 있다.

주州마다 시간대가 다른 것도 불편함은 있지만, 그래도 인간이 사회생활에 적응하는 데 편리성과 규칙성, 자연의 순리에 효과가 많기 때문에 시차를 유지하고 있다.

코로나 팬데믹이 끝나자 그동안 억제되었던 여행들이 봇물 터지듯이 폭증하기 시작했다. 여행은 계획에서부터 시간과 날짜를, 즉 출발지의 시간과 도착지의 시간, 날짜를 계산해야 한다.

만약 LA 국제공항에서 5월 3일 오후 23:00에 한국행 비행기를 탑승했다면, 인천국제공항 도착은 5월 5일 오전 4:00가 될 것이다. 비록 비행시간은 13시간이 걸리지만, 날짜는 이틀이 훌쩍 지난다.

날짜변경선은 '시간의 중심'이다. 보이지는 않지만 인간 생활에 지대한 영향을 끼치고 있는 것이다.

— 미주조선일보 LA판, 2023. 5. 3

인류에게 바닷길을 열어 준 '나침반'

대한민국은 미국과 함께 세계 시민의 자유를 지키고 확장하는 '자유의 나침반羅針盤(Compass of Freedom)' 역할을 해 나갈 것이라고 국빈 방문한 윤석열 대통령은 미국 상·하원 합동회의 연설에서 역설했다.

매스컴을 통해 '바닷길을 열던 나침반'이 '자유를 찾는 나침반'으로 온 세계 시민들에게 각인되었다.

나침반은 항해하는 선박이나 비행하는 항공기에게 방향을 제공하는 소중한 기구이다.

나침반이 없었던 시대의 항해사들은 태양과 별자리를 관찰하거나, 특징적인 구조물을 인식해 둠으로써 현재 자기의 위치와 목적지의 방향을 결정했다.

나침반은 인류에게 미지의 세계, 먼 바다로 나가는 용기를 북돋았고, 길을 열어 주었다. 콜럼버스나 마젤란에 의한 신대륙 발견, 세계일

주 탐험 등, 나침반 없이는 도저히 불가능했던 항해로 인류 역사를 바꾸어 놓는 데에 지대한 영향을 끼쳤다.

나침반이 없던 고대에 바이킹Viking은 어떻게 약탈지를 찾아 원거리 항해를 정확하게 할 수 있었을까?

뛰어난 항해술을 가진 바이킹족은 8~11세기 동안 북유럽의 약탈자로 해상무대의 주역이었다. 당시 침탈을 당한 유럽인들은 북유럽의 기후가 대부분 흐린 날씨임에도 바이킹족은 먼바다를 빠르게 성공적으로 왕래하는 그들의 항해술에 대해 오랜 기간 의문을 품고 있었다.

바이킹의 전사들은 방향을 알 수 있는 '신비의 돌'을 지니고 있었다. 그들은 이 돌을 '태양석'이라 불렀다.

작은 돌, 바로 '수정水晶(Crystal)'이었다. 훗날 과학자들의 연구 결과, 6면체의 수정은 태양이 안개나 구름 속에 가려져 있어도 태양 광선의 편광을 반사하는 특성을 가졌다는 것을 밝혀 냈다.

꿀벌들은 흐린 날씨에도 태양의 편광을 나침반 삼아 방향을 잡아 비행한다. 요즘 꿀벌의 개체수가 크게 감소했다. 대기오염 물질이 편광을 흩트려서 꿀벌들이 집을 찾기 어려워졌다는 분석이 나왔다. 실제로 황사가 덮치면 꿀벌이 집으로 돌아오는 시간이 평상시보다 70% 이상 더 걸린다는 실험결과가 나왔다.

나침반을 언제, 누가 발명했는지 정확히 알려진 바는 없지만, 중국 후한後漢 시대(AD 90년경)의 사상가 왕충王充이 쓴 책 『논형論衡』에 '국자를 물 위에 띄워 놓으면 남쪽을 가리키며 멈춰 선다'는 기록이 있다.

11세기경, 중국 송宋나라의 심괄沈括이 쓴 『몽계필담夢溪筆談』에는 바늘을 물 위에 띄우면 남북을 가리켜 방향을 알았다는 내용도 있어서 나침반은 11세기경 중국에서 발명되었다는 설이 유력하다.

중국의 나침반 기술이 아랍으로 건너갔고, 아랍에서 다시 유럽으로 전파되었을 것으로 추측한다.

중국은 나침반을 술사術士들이 주로 점占을 치거나, 풍수지리적 목적에 사용했다. 새 도읍지를 정하거나 군왕의 무덤 자리를 찾는 데 사용했다.

반면 유럽에선 나침반을 배의 눈Eye으로 사용하면서 먼바다로 항해를 시도했다. 나침반 덕분에 유럽의 강국들은 해상무역을 왕성하게 할 수 있었고, 더 나아가 아프리카, 아시아, 아메리카 등 세계 곳곳에 교역 요충지를 탐사하고 식민지를 확보할 수 있었다.

'나침반을 누가 먼저 발명했느냐'보다 '어떤 목적에 사용했는가'에 따라서 엄청난 결과가 빚어졌다.

방향에 대한 가장 보편적인 상징물인 나침반은 오랜 세월 인류 역사에 크게 공헌해 왔지만, 오늘날 우리는 나침반과 지도가 사라지는 시대에 살고 있다. 우리들 주머니 속엔 GPS 수신 기능이 내장된 스마트폰이 있고, 운전하는 자동차엔 내비게이션 스크린에 실시간 주행 방향을 보여 주고 있는 편리한 시대에 살고 있다. 낯선 길을 가다가 헷

아무리 빠르고 좋은 교통수단이 발달되더라도 방향을 모르면 원하는 목적지로 갈 수 없다. 방향이 한번 삐끗하면 편차는 점점 더 커지고, 되돌아오려면 더 많은 시간과 노력이 필요하다. 흔히들 인생은 '속도'보다는 '방향'이 더 중요하다고 한다. 인생이 잘 풀리지 않을 때, 한번쯤 나의 나침반을 재점검해 보는 것도 좋을 듯하다.

갈리면 주유소에 들러서 길과 방향을 물어 보고, 지도를 구입하던 때가 엊그제였는데….

세상의 변화가 생각보다 훨씬 빠르다는 것을 실감한다.

'GPS(Global Positioning System)'는 최소 24개 이상의 위성으로 이루어진 '위성항법시스템'이다.

GPS는 전 세계 모든 지역의 모든 기후 조건에서 매일 24시간 동안 작동하며 위성에서 발사되는 신호를 단말기를 통해 받게 된다. 미국 국방부(US DOD)는 원래 군사용으로 사용하기 위해 위성을 궤도에 올려놓았지만, 1980년대부터 민간인에게도 GPS를 개방하고 있다.

GPS는 선박의 해도海圖(Nautical Chart)를 대신하고, 항공기에 항법사의 탑승을 대신하게 되었다. 현대인은 GPS와 첨단 전자장비 덕분에 '모르는 길'도 마치 잘 '아는 길'처럼 익숙하게 다닌다. 이젠 낯선 세상이 전혀 낯설지 않다. 지구촌엔 더 이상 숨겨진 곳이 없으니 새로움과 탐험은 존재하지 않는다.

아무리 빠르고 좋은 교통수단이 발달되더라도 방향을 모르면 원하는 목적지로 갈 수 없다. 방향이 한번 삐끗하면 편차는 점점 더 커지고, 되돌아오려면 더 많은 시간과 노력이 필요하다.

흔히들 인생은 '속도'보다는 '방향'이 더 중요하다고 한다.
인생이 잘 풀리지 않을 때, 한번쯤 나의 나침반(My Compass)을 재검해 보는 것도 좋을 듯하다.

— 미주조선일보 LA판, 2023. 5. 17

바퀴를 왜 '타이어'라고 하는가

인류는 언제부터 신발을 신기 시작했을까?

인류가 언제부터 신발을 신었는지 정확히 알 수는 없지만, 동물의 뼛조각으로 바늘을 발명해 옷을 최초로 만들어 입기 시작한 때부터 신발도 만들었을 것으로 추정하고 있다.

'신발'은 '신'과 '발'의 합성어로 순수 우리말이다. 신발을 만들어 신는 동물은 오직 인간뿐이다. 인류에게 있어서 최초의 '교통수단'은 신발이다.

바퀴는 기원전 3500년경 메소포타미아 문명의 수메르인들이 도자기를 빚는 물레에서 영감을 얻어 만든 것으로 전해진다.

최초의 바퀴는 통나무를 납작하게 잘라 원판 형태의 바퀴에 가운데 구멍을 뚫어서 수레나 마차에 사용했다. 큰 바퀴가 필요하게 되자 나

> 어린 시절 동東자 표 검정 고무신 한 켤레로 사시사철을 보냈는데, 오늘을 살아가는 현대인들은 계절별, 색상별, 스포츠별로 다양한 신발들을 때와 목적에 따라 골라 신는다. 나를 담는 그릇이 많다는 건 축복이다.

무로 큰 원을 만들고, 그 안에 바큇살을 끼워 넣게 되었다.

또한 나무의 내구성이 약해서 금방 닳게 되자 바퀴의 수명도 늘릴 겸, 바큇살을 탄탄하게 조이기 위해 바퀴의 외륜에 철판을 붙이게 되었다.

이 철판이 바퀴와 바큇살, 바퀴 링 등 바퀴의 휠에 소요된 부품을 하나로 묶어 주고 조여 주는 역할을 한다고 해서 '타이어Tire'라 부르게 되었다고 한다. 묶는다는 타이(Tie)에서 파생한 것이다.

미국은 Tire, 영국은 Tyre, 프랑스는 Tirer로 표기하고 있다.

타이어는 자동차의 수많은 부품 중에서 가장 피곤한 역할을 감당한다고 해서 '타이어드Tired'가 어원이라는 설說도 있다. 뜨거운 여름이나 추운 겨울철에도 날씨 변화에 상관없이 한결같이 자동차의 무게와 사람, 화물의 무게를 감당하면서 달려야 하는 타이어는 늘 피곤한 것이 사실이다.

19세기경부터는 바퀴에 철판 대신 고무를 겉옷처럼 입혔더니 굴러갈 때 한결 부드럽고 탄력적인 느낌이 좋았다. 고무를 입힌 타이어는 미국의 발명가 찰스 굳이어Charles Goodyear가 고안하여, 1844년 특허를 획득하고, 1903년부터 상용화를 시작했다. 최초의 고무바퀴였다.

1888년 스코틀랜드의 수의사인 존 보이드 던롭John B. Dunlop은 자신의 아들이 삼륜자전거를 타고 놀다 넘어져 얼굴을 다친 것을 보고 쇠바퀴보다 안전한 고무바퀴를 만들고, 그곳에 공기를 주입해 탄력을 주는 방법을 개발하면서 공기압 타이어의 시초가 되었다.

이후 프랑스의 미쉐린Michelin 형제가 1895년 공기압 타이어를 자동차용으로 발전시켜 상용화되었다.

1946년부터 등장한 '래디얼 타이어'는 안전성이 우수하고 고속 주행에 적합하여 보편화되었고, 현재까지 대부분의 승용차는 '래디얼 & 튜브레스(Radial & Tubeless) 타이어'를 사용하고 있다.

비행기 타이어는 자동차 타이어와 어떤 차이가 있을까?

우선 비행기 타이어는 이·착륙할 때마다 엄청난 무게와 마찰을 감당해야 한다. 따라서 비행기 타이어는 자동차 타이어에 비해 약 6배 정도인 200psi(Pound per Square Inch, 1제곱인치 당의 중량)의 압력을 견딜 수 있게 만들어진다. 자동차 타이어의 공기압은 30~40psi이다.

자동차 타이어에는 일반 공기를 주입하지만, 비행기 타이어에는 비발화성 기체인 질소를 주입한다. 질소는 타이어가 고열을 받아도 발화나 폭발하지 않고, 저기온에서도 얼지 않는 특성이 있기 때문이다.

자동차 타이어의 수명은 운행거리와 기간을 따지지만, 비행기 타이어는 착륙 횟수로 수명을 정한다. 자동차와 비행기 타이어가 얼핏 겉

모양과 구조는 비슷하지만 압력, 강도, 크기에는 큰 차이가 있다.

한국에는 고무타이어가 언제부터 알려지게 되었을까?

1880년 중반부터 기독교 선교사들에 의해 서양 문물이 조선 땅에 들어오기 시작했다. 당시 선교사들의 활동, 생활방식, 생활도구 등은 조선인들에게 큰 호기심을 발동시켰다. 특히 선교사 부인들이 주로 애용했던 자전거는 가장 신기한 물건이었다. 두 발로 페달을 밟으면 말[馬]만큼이나 빠르게 달리고, 자전거 고무바퀴는 소리도 없이 사람의 무게를 부드럽게 이동시켜 주었다.

그 신기한 모습은 조선인들에겐 대단한 구경거리였다. 고무바퀴가 우리 땅에 처음 등장했던 시절이었다.

그 후 1920년대에 일본인들이 인력거人力車를 조선에 들여오면서 고무바퀴가 널리 알려지게 되었다.

일제강점기였던 1941년 5월, 드디어 서울 영등포에 '조선다이야공업주식회사'가 창설되었다. 일본은 한반도를 기지로 삼아 대륙 진출을 꾀했다. 이를 위해 조선 안에 타이어 제조공장이 필요했고, 일본의 '브리지스톤Bridgestone'을 조선에 진출시켰다. 이들이 세운 회사가 바로 조선다이야공업주식회사였다.

해방 후, 파산 직전에 있던 이 회사를 효성그룹의 조홍제 회장이 인수하여 오늘의 '한국타이어'로 발전시켰다.

타이어의 발달은 교통 속도와 승차감에 큰 변혁을 일으켰다.

어린 시절 동(東)자표 검정 고무신 한 켤레로 사시사철을 보냈는데, 오늘을 살아가는 현대인들은 계절별, 색상별, 스포츠별로 다양한 신발들을 때와 목적에 따라 골라 신는다.

나를 담는 그릇이 많다는 건 축복이다.

— 미주조선일보 LA판, 2023. 5. 31

늘 교통사고만 당하는 사람, '더미Dummy'

영화나 드라마 촬영에서, 실제 배우가 과격한 액션 연기(무술)나 위험한 장면을 소화하기 힘들 때 그 분야에 전문적으로 숙달된 사람을 대역으로 고용하는데, 이들을 '스턴트맨Stunt Man'이라고 부른다.

스턴트맨 중에는 죽는 역할만 대역하는 배우가 있다. 총에 맞아 죽고, 칼에 찔려 죽고, 불에 타서 죽고, 열차에서 떨어져 죽고, 달리는 말에서 떨어지는 등 다양한 죽음으로 그는 수백 번 죽는 사람이다.

영화의 세계에 항상 죽는 '스턴트맨'이 있다면, 자동차의 세계에도 항상 교통사고를 당하는 사람이 있다.

자동차 메이커들은 신종新種 차량을 개발하면 반드시 그 차량의 안전도와 견고성 측정을 위해 고의적 충돌사고 테스트를 거친다. 테스트는 고정된 벽으로 시속 40마일 이상으로 달려가서 정면충돌한 후,

차량의 견고성과 파손 실태를 알아내는 실험이다.

충돌 테스트에서 차량의 외적 파손보다 더 중요한 것은 차량 내의 운전자와 탑승자의 신체적 손상을 정밀하게 진단하는 것이다. 이때 운전석과 옆 좌석에 사람을 앉혀야 하는데, 사람 대신 인형을 앉힌다.

이 대역자를 '더미Dummy'라고 부른다.

더미는 크기, 몸무게, 뼈의 구조, 관절 등 신체구조와 생김새를 사람과 흡사하게 만든 인체 모형이다.

더미는 충돌 테스트에서 머리, 어깨, 가슴, 팔, 다리, 허리 등에 부위별 부상 정도와 출혈까지 알아내고 차량의 외적 보완점과 실내 개선점을 찾아 주는 중요한 역할을 감당한다.

테스트 진행자들, 촬영팀은 차량 속에 쓰러져 있는 더미의 모습을 촬영하고, 소방요원들은 더미를 탈출시키는 데 소요되는 시간, 의사들은 탈출된 더미의 신체 상태를 점검하고, 엔지니어들은 차량의 손상 부위와 정도를 체크하게 된다. 분야별 입체적 점검을 마치면 차량의 종합 보완대책이 마련된다고 한다.

실제로 자동차의 충돌 실험을 지켜보던 관람자들은 엄청난 충격을 받는다고 한다. 충돌 순간 귀를 때리는 굉음, 종이처럼 찢겨진 철판, 산산이 부서져 원래의 모습이 전혀 없는 범퍼 잔해들, 찌그러진 차체와 문짝, 에어백의 폭발, 땅바닥에 질질 흐르는 오일과 냉각수, 정신을 잃고 쓰러진 더미…. 충돌 후의 광경이 너무나 끔찍해서 두 번 다시 보고 싶지 않다고 토로한다.

충돌 테스트는 '정면 충돌'과 '측면 충돌', '전복Rollover', '차대차 충돌'로 나누어진다.

테스트의 방법에 따라 더미는 남성과 여성, 뚱뚱하고 큰 체형, 마르고 작은 체형, 유아, 초등생, 중학생 등 다양한 모형으로 사용된다.

최근 들어 차량의 안전성에 대해 소비자들의 목소리가 커지고, 또 사고 배상액이 증가하자, 제작사들은 안전성 충돌 실험에 더욱 신경을 쓰고, 더미의 중요성도 함께 발전하고 있다. 나라마다 테스트의 조건과 기준이 다르기 때문에 더미의 품질도 진화하고, 가격도 만만치가 않다.

호주에서는 도로에서 캥거루들과 차량의 충돌 건수가 한 해에 약 2만 건이 된다고 한다. 호주 정부는 캥거루 보호를 위해 '캥거루 더미'도 생산하여 충돌 테스트에 사용하고 있다.

테스트용 더미는 원래 1945년에 미 공군에서 최초로 사용했다. 전투기의 '조종사 비상탈출용 좌석'을 시험하기 위해 시에라사社가 제작한 샘Sam이란 모델이 더미의 시조였다. 차량의 충돌사고 테스트는 1959년 독일의 메르세데스 벤츠Mercede-Benz가 최초로 시작했다.

대부분의 자동차 제작사들은 차량사고로 탑승자의 부상을 최소한으로 줄이기 위해 안전성에 대한 연구를 거듭해 오고 있다. 국가 차원에서도 법령을 제정하고 차량의 안전성 점검을 강화하는 한편, 운전자들에겐 교통법규를 엄격하게 지키도록 한다.

자동차메이커들은 신종 차량을 개발하면 반드시 그 차량의 안전도와 견고성 측정을 위해 충돌 테스트를 거치는데, 차량의 외적 파손보다 더 중요한 것은 차량 내의 운전자와 탑승자의 신체적 손상을 정밀하게 진단하는 것이다. 이때 운전석과 옆 좌석에 사람 대신 인형을 앉히며, 이 대역자를 '더미'라고 부른다.

인류는 이동수단의 혁신이 일어날 때마다 커다란 변혁의 시대를 맞이해 왔다. 말과 마차에서 자동차로, 증기기관차로, 비행기로 발전해 왔다.

최근엔 지금까지 없었던 전혀 새로운 이동수단을 개발하고 있다. 사람이 아닌 인공지능(AI)이 운전하는 '자율주행차(Self-Driving Car)'가 곧 등장할 예정이며, 사람을 태우고 날아다니는 '유인 드론Drone'도 보게 될 것이다. 진공튜브열차 '하이퍼루프Hyperloop'는 전혀 새로운 미래를 여는 신호탄이 될 것이다.

새로운 운송수단이 생기면 모든 사람들이 환영할 것 같지만, 과거 역사를 보면 꼭 그렇지만은 않았다. 기존의 방법에 익숙해 있는데, 신기술의 사용법을 새로 배워서 적응하기엔 시간과 노력이 필요하기 때문이다.

새로운 이동수단(자율주행차, 유인드론, 하이퍼루프 등)의 안전성 테스트엔 또 어떤 더미가 제작되고 사용될 것인가. 새로운 이동수단에 대해서 국가와 사회는 어떤 법규와 질서를 만들 것인가.

이들에 대한 연구가 지금 한창 진행 중이다.

사람의 안전을 위해 대역으로 항상 교통사고를 당하는 더미를 생각하면서, 성서의 한 구절이 떠오른다.

"사람이 친구를 위하여 자기 목숨을 버리면 이에서 더 큰 사랑이 없나니(요한복음 15:13)."

— 미주조선일보 LA판, 2023. 6. 14

가장 흔한 자격증, '운전면허(Driver's License)'

역사의 뒤안길로 사라진 직업 중의 하나가 '마부馬夫'이다. '마차 Coach'는 적어도 자동차가 출현하기 전까지는 아주 중요한 운송수단이었다. '마부'는 대부분 마차의 주인이자 마차를 모는 사람이었다.

바퀴가 있는 운송수단을 누가 끄느냐에 따라 사람이 끌면 '인력거人力車', 소가 끌면 '우차牛車'라 했고, 말이 끌면 '마차馬車', 엔진이 끌고 가면 '기관차機關車'라 불렀다.

우리 조상은 소와 말이 끄는 수레를 관용적으로 모두 '마차'라 불렀고, 그 마차는 말을 잘 다루는 '마부'가 몰았다. 그 시절 마부에겐 대개 3가지 면에서 자질이 있으면 '좋은 마부'로 인정받았다.

첫째는 마차에 대한 정비다. 마차가 출발하기 전에 고장이나 손볼 곳은 없는지 꼼꼼히 살펴서 안전에 장해 요인이 되는 것을 미리 제거하는 마부. '닦고, 조이고, 기름 치자!'라는 경구는 마차시대부터 내려

온 것 같다.

둘째는 우마牛馬에 대한 애정이다. 짐승은 배고프다, 힘들다, 아프다, 라는 소리를 못한다. 시간에 맞춰 먹이고, 노동시간 간격마다 적당한 쉼을 주고, 발굽 상태나 상처는 없는지 살피는 마부. 우마의 숨소리만 들어도 그의 건강상태를 파악하고, 우마의 눈빛만 보아도 그의 피로감을 알아채는 마부. 채찍으로만 우마를 다스리는 마부를 사람들은 '마차꾼'으로 낮추어 불렀다.

셋째는 싣고 가는 화물에 대한 책임감이다. 마차 위에 화물 선적이 한쪽으로 치우쳐서 무너지거나 끈을 약하게 묶어서 짐이 떨어져 부서지거나 유실되는 것은 전적으로 마부의 책임이었다. 짐을 목적지까지 안전하게 빠르게 운반하는 것을 책임지는 마부.

오늘날의 '좋은 운전사'는 그 옛날 '좋은 마부'와 자질에 있어 크게 다를 바가 없다. 다만 마부에겐 '면허증'이 없었고, 운전사는 면허증을 소지하고 있다는 것이 다르다.

'운전면허증'이란 도로에서 자동차 또는 특수장비를 운전할 수 있음을 증명하는 공문서이다.

세계 최초의 운전면허 1호는 1885년 내연기관 자동차를 발명한 독일인 칼 벤츠Carl F. Benz에게 바덴공화국이 발급한 운행면허증이 그 기원이다.

칼 벤츠는 자신이 만든 차를 타고 종종 동네 거리를 누볐다. 소음기가 없었던 자동차는 내연기관에서 뿜어 나오는 굉음이 너무 시끄러워 동네 사람들이 놀라고, 심지어 공포감마저 들게 했다.

드디어 동네 사람들이 항의와 운행 중지 시위를 하자, 칼 벤츠는 이들의 불만과 시위를 잠재우기 위해 바덴 지방정부에 아예 운행허가증 발급을 요청했다. 그리고 얼마 뒤, 당국으로부터 운행허가증을 받게 되었다. 이것이 최초의 운전면허증이다.

칼 벤츠는 세계 최초로 바퀴가 3개인 삼륜차三輪車 '페이턴트 모터바겐Patent Motorwagen을 제작해 베를린에 발명특허를 출원했다. 그의 차는 가솔린으로 내연기관에 동력을 얻고, 전기 점화 장치까지 장착된 차였다.

벤츠는 1886년부터 1893년 사이에 약 25대의 페이턴트 모토바겐을 생산, 판매했다. 당시 이 차의 가격은 600마르크(약 $150)였다. 1886년 최초로 생산한 3대 중, 2대는 독일 자동차박물관(뮌헨)에 전시되어 있고, 1대는 벤츠 판매가 높은 서울시에 '벤츠코리아'를 통해 기증해 전시되고 있다.

세계 최초의 자동차 운전면허 시험은 1893년 프랑스에서 실시되었다. 시험과목은 출발, 정지, 커브 주행만 알면 합격증을 받았는데, 휴대하기엔 너무 큰 액자 사이즈 면허증이었다. 자동차 증가로 사고가 빈발하자 파리경찰국은 1899년부터 카드 사이즈 면허증을 발급하고 휴대를 의무화했다.

1899년 뉴욕과 시카고는 자동차 소유 및 운행관련 등록을 받기 시작했다. 시카고는 운전자들에게 운전 실기 시험에 응시할 것을 요구

> 1885년 내연기관 자동차를 발명한 독일의 칼 벤츠는 자신이 만든 차를 타고 종종 동네 거리를 누볐는데, 당시 소음기가 없었던 내연기관에서 뿜어 나오는 굉음이 너무 시끄러워 동네 사람들이 항의와 운행 중지 시위를 하자 그는 바덴 지방정부에 운행허가증 발급을 요청했다. 얼마 뒤 당국으로부터 허가증을 받았는데, 이것이 세계 최초의 운전면허증이다.

했고, 뉴욕은 면허가 있는 엔지니어들만 자동차 운전이 허용되었다.

1903년, 매사추세츠주와 미주리주는 주법州法으로 운전시험과 운전면허제도를 최초로 시행했다. 다른 주들도 점차 매사추세츠의 선례를 모방하기 시작했다.

1913년, 뉴저지주에서도 운전면허제도를 도입하고 면허시험을 실시했는데, 당시 응시자 대부분은 뉴욕, 뉴저지 지역에서 마차를 몰던 마부들이었다.

1959년부터 미국 내의 모든 주는 자동차 뒷면에 번호판(License Plate)을 붙이고, 운전면허증 휴대 의무화가 연방법으로 제정되었다.

한편, 한국에는 1903년 고종황제 즉위 40주년을 맞아 미국이 선물한 '포드 모델 A형 리무진' 1대가 최초로 궁궐에 들어왔다. 이 자동차가 백성들에게 알려지기는 1910년경이었다.

그 당시 일제강점기하의 조선엔 고작 일본인 운전기사 3명뿐이었다. 그들은 고종과 순종, 그리고 조선총독의 차를 운전하는 사람들이었다.

  한국인 최초의 운전면허자 제1호는 서울의 '기용문' 씨이다. 그는 낙산 부자 이봉래 씨의 아들로 그의 부친이 일본인 2명과 동업으로 1913년에 세운 '경성 운전수 양성소'를 졸업하면서 면허를 취득했다.

  운전면허는 세계적으로 사람들이 가장 많이 취득하고, 운전시엔 반드시 휴대해야 하는 자격증이다.

  미국의 운전면허는 성인의 증표이자 자신의 신분증이며. 운전자격증으로 개인의 필수 증명서가 되었다.

— 미주조선일보 LA판, 2023. 8. 23

'가스값'은 왜 오를까

요즘 가스(Gasoline)값이 천정부지로 치솟고 있어 자동차 몰기가 겁이 난다.

가스값이 오르니 운전할 때 두 가지를 자주 체크하게 된다. 주유소 앞을 지날 때 가격표지판(Price Board)을 쳐다보게 되고, 차량 계기판(Dashboard) 속의 연료게이지(Fuel Indicator)를 살피게 된다. 그러잖아도 도로상엔 '전기차'가 눈에 띄게 많아졌는데, 가스값이 하루가 다르게 인상되니 마치 가스회사가 '전기차'에 대한 판매촉진을 대행해 주는 것 같다.

통상적으로 여름철이 지나면 가스값이 하락하는 게 정상인데, 금년 가을은 예외적일 것 같다. CNN은 이번 노동절이 포함된 황금주말엔 '도로를 달리는 운전자들은 기록적으로 가장 높은 가스 비용을 치르면서 여행하게 될 것'이라고 발표했다.

여름이 시작되던 5월말 현충일(Memorial Day) 무렵, 미국 전국 휘발유 평균가격은 $3.50/G였다.

미국자동차협회(AAA)는 8월 말 현재 미국 주요 11개 주의 가스 평균가격이 $4.50/G 수준이라며, 여름이 끝나 가는데도 가스 가격이 하락할 기미가 보이지 않는다고 예견하고 있다.

현재 캘리포니아의 가스 평균가격은 $5.32/G로 미국에서 가장 높고, 그다음이 하와이, 애리조나 순으로 분석되고 있다. 캘리포니아가 가장 높은 이유는 주정부의 높은 유류세와 각종 환경 규제로 인한 비용 부담이 주요 원인이다.

가스값의 상승 이유로는 여러 요인들이 있지만, 가장 큰 첫 번째 이유는 'OPEC(석유수출국기구)'의 원유 공급 제한 조치이다. CPEC은 이란, 이라크, 쿠웨이트, 사우디아라비아, 베네수엘라 5개 산유국(産油國)이 석유 정책의 조정을 위해 1960년에 결성한 단체이다.

세계 제2위 산유국인 사우디아라비아는 7월부터 원유 수출을 감소시켰다. 유가 상승을 계속 유발시키기 위해 하루 100만 바렬의 원유 생산량을 감산하고, 사우디 국왕은 생산량 감축을 9월 말까지 연장한다고 발표했다. 또한 자국 경제에서 높은 석유 수출 의존도를 낮추고, 젊은 인재들을 양성하여 그들을 위한 다양한 일자리를 창출하려는 야심찬 계획, 'VISION 2030'에의 자금지원을 위해 유가 인상을 계속하겠다는 정책도 밝혔다.

제3위 산유국인 러시아는 전쟁 상황으로 인해 8월 초부터 원유 감산에 들어갔다. 이에 따라 원유가격은 한 달 전 배럴당 $70 수준에서 최근엔 배럴당 $80 수준으로 인상되었다. 투자분석 전문가들은 향후 원유는 배럴당 $85~$95 선으로 인상될 것으로 예측하고 있다.

가스값 상승의 두 번째 이유는 금년 여름의 기록적인 폭염이 미 전국을 덮쳤기 때문이다. 지난 7월은 애리조나, 텍사스, 뉴멕시코, 캘리포니아를 포함한 미국 전 지역이 기록상 가장 뜨거운 달이었다.

애리조나주의 피닉스는 7월 한 달 내내(31일간) 연속으로 낮시간의 기온이 110F라는 신기록을 세웠다. 장시간의 폭염은 정전停電 사태를 유발했다. 많은 정유소들이 정전으로 정상적인 작업을 할 수 없었고, 일부 노후화된 정유소들은 아예 가동을 중단해 버렸다.

계절적으로 여름은 특히 석유 수요가 많은 시기인데, 정유소의 비정상 가동으로 휘발유 및 디젤의 생산량이 다른 계절보다 오히려 감소된 것은 가격 인상을 더욱 부추겼다.

미국 정유소뿐만 아니라 멕시코만 연안에 위치한 정유소들도 금년 여름에 총생산 능력의 92%의 가동률에 그쳐 설상가상으로 석유값에 타격을 주었다.

미국자동차협회의 대변인 앤드루 그로스Andrew Gross는 '대부분 정유소들이 9월부터는 정상적인 가동상태로 돌아오기 시작했으며, 차츰 석유 공급량은 증가할 것'이라는 희망적인 발표를 했다.

작년 6월, 러시아가 우크라이나와의 전쟁으로 원유 채굴 중단을 발

현대사에서 '석유를 지배하는 자가 세계를 지배하고, 석유의 변화가 세계를 변화시킨다.'는 말이 있다. 석유는 세계 경제와 국제 정치를 움직이는 핵심 동인(動因)이기 때문이다. 석유의 중요성은 단순히 에너지나 원료로서의 가치가 있다는 차원에만 머물지 않는다. 석유는 전 세계의 모든 국가들의 욕망이 집중되는 이해관계의 중심적 요소이며, 전략 자원이기 때문이다.

표했을 때, 미 전국의 평균 유가는 $5.02/G 로 최고가의 기록을 세웠다. 당시 1년 후엔 평균 $6/G 선이 넘을 것으로 예측했으나, 바이든 행정부가 비상용 비축유를 공격적으로 방출했기에 아직 $6/G 선까진 못 미쳐 큰 다행이다.

만약 가스값이 $6/G 선까지 치솟는다면, 소비자들은 아마도 값싼 가스를 찾아나서게 될 것이다. 또한 대중교통 이용이 증가할 것이다. 이렇게 되면 공기의 질(質)이 저하되어 대기오염(Atmospheric Pollution) 문제를 일으킬 것이며 이는 행정부의 '클린 에어' 정책도 위반하게 될 것이다.

현대사에서 '석유를 지배하는 자가 세계를 지배하고, 석유의 변화가 세계를 변화시킨다. 는 말이 있다. 석유는 세계 경제와 국제 정치를 움직이는 핵심 동인(動因)이기 때문이다.

석유의 중요성은 단순히 에너지나 원료로서의 가치가 있다는 차원에만 머물지 않는다. 석유는 전 세계의 모든 국가들의 욕망이 집중되는 이해관계의 중심적 요소이며, 전략 자원이기 때문이다.

가스 가격의 고공행진은 서민들의 발을 묶는 일이다. 따라서 물적, 심적 부담으로 생활을 위축시킨다.

정부가 가스값 안정을 위해 다양한 원유 확보, 정유 시설, 유통 과정 등 석유 정책 전반을 서민 중심으로 개선해 주기를 기대해 본다.

— 미주조선일보 LA판, 2023. 9. 6

통학버스는 왜 노란색일까

신호등은 빨간불, 노란불, 초록불의 3색이다. 이들 각 색상의 신호등은 교차로에 정지해 있는, 또는 다가오는 모든 차량 운전자들에게 쉬지 않고 특정한 의미를 전달하고 있다.

소방차(Fire Truck)는 빨간색, 구급차(Ambulance)는 하얀색, 통학버스(School Bus)는 노란색이다. 그렇다면 이들의 색상에도 어떤 특별한 의미가 있는 것일까?

소방차는 화재, 의료, 재난, 유해물질 등 긴급 비상사태를 대비해 특별히 설계되고, 특수장비가 장착되어 있는 차량이다.

빨간색은 '가시광선 스펙트럼(빛의 영역)'이 가장 긴 파장을 가지고 있기 때문에, 수많은 색상 중에서 가장 식별하기가 쉬운 색이다. 이런 연유로 대부분의 문화권에서 빨간색은 '위험Hazard'을 상징한다.

빨간 소방차가 사이렌을 크게 울리면서 긴급하게 질주할 때, 거기에는 '위험'과 '긴급'이 강조된다.

1900년도 초기엔 포드자동차가 미국 자동차시장을 거의 독점했다. 포드사에서 제작된 차량들은 거의 검은색이어서 도로상에는 검은색 차량이 즐비했다. 그 이유는 블랙 페인트는 내구성이 강하고, 값도 다른 색보다 저렴했기 때문이다.

당시의 소방서는 마을의 자원봉사자로 구성된 '의용소방서義勇消防署'였다. 자원봉사자들은 검정색이 많은 도로에서 식별하기가 가장 쉬운 색은 빨간색이라는 것을 알아내고(과학적 접근이 아닌 눈짐작으로), 소방차에 빨간색으로 도색했다고 한다. 이렇게 미국엔 1900년 초부터 빨간 소방차가 등장했고, 세계 각국도 미국을 따라 빨간색 소방차를 사용하게 되었다.

학교가 개학하여 학기 중일 때는 거의 매일 통학버스를 볼 수 있다. 모든 통학버스는 한결같이 노란색이다. 통학버스와 노란색은 무슨 연관이 있는지? 궁금하다.

20세기 초, 미국과 캐나다의 농촌지역에는 통학이 어려운 학생들을 위해 통학마차를 운영했다. 사람들은 이 마차를 '키드 핵Kid Hack'이라 불렀다. 'Hack'은 운송 목적의 마차 또는 택시를 뜻한다.

1927년 드디어 말이 끌지 않는 통학용 자동차 '블루버드1호'가 등장했다. 이 차량은 T 모델 프레임 위에 지붕을 올렸고 창문에는 비, 바람을 막기 위한 커튼도 설치했다. 차량 지붕 전방에는 'School Bus'라는 패널을 붙였다. 이 차량이 통학버스의 기원이다.

1939년, 교사와 교장을 역임한 프랭크 시어Frank W. Cyr는 학생들의 안전과 통학버스의 효율적 운영을 위해 교육자, 교통관계자, 심지어 페인트 전문가까지 초청해 컬럼비아대학에서 회의를 개최했다. 7일 동안 진행된 회의에서 42페이지에 달하는 통학버스 가이드를 만들게 되었다. 통학버스의 노란색은 프랭크 시어가 개초한 콜럼비아대학 회의에서 결정되었다.

'빨간색은 어두워지견 짙은 빨간색으로 더 어둡게 보이지만, 노란색은 흐리거나 어둡거나 안개 속에서도 잘 보이기 때문에 통학버스 색상으로 아주 적합하다.'는 의견이 압도적이었다. 노란색은 어둡고 시야가 확실치 않은 환경에서도 다른 색보다 멀리까지 잘 보이고, 운전자의 시선 주의를 끌 수 있어서 통학버스에 적합한 색상으로 최종 결정되었다.

과학자들에 의하면, '노란색을 감지하는 측면 주변 시력은 빨간색보다 1.24배 더 크고, 가시광선 스펙트럼에서 가장 밝고 빛나는 색이기 때문에 그 어떤 색보다 사람의 시선을 사로잡는다.'고 분석한다. 도로의 도로 측면의 공사 안내판도 눈에 잘 띄도록 노란색으로 표시한다.

노란색은 흔히 따스한 봄날 병아리와 개나리꽃을 연상시키며, 미래를 바라보는 '창의적인 색채'로 인식한다. 또 귀여운 어린이들의 색으로 느껴져 보호 본능을 일으키는 '의존적인 색'으로 연상되기도 한다.

독일에서 노란색은 '부러움'을 상징하며, 이집트에선 '행운'을 뜻한

> 요즘 한국은 공공 서비스, 민간 서비스 등 모두 친절, 신속, 정확하다. 거리마다 편리한 요소들이 눈에 많이 띈다. 이에 비해 미국의 거리는 기다림이 길고, 고지식하게 순서를 지켜야 차례가 온다. 그래도 살맛이 나는 것은 어린이와 학생, 약자에 대해 교통문화가 꾸준히 실현되고 있기 때문이다.

다. 프랑스는 그 유명한 자전거 경주, '투르 드 프랑스(Tour de France)'에서 우승자에게는 '노란 샤쓰'를 입혀 준다.

고대 중국에서 노란색은 '황제의 색'으로 대접받았다. 이 귀한 색은 일반 백성들에게는 사용이 금지되었다.

반면, 한국에선 인색한 사람을 '노랭이'라 부른다. 서양에선 사악한 사람을 '옐로 독(Yellow Dog)'이라 하고, 선정적인 신문이나 잡지를 '옐로 페이퍼(Yellow Paper)'라 부르면서 부정적 이미지로 묘사하기도 한다.

미국의 통학버스는 일반버스보다 훨씬 튼튼하고 매우 안전하게 제작되어 있다.

비상문(후면과 지붕)과 비상창문, ABS 등의 안전장치는 기본이고, 트럭급의 튼튼한 프레임과 두꺼운 철판(장갑차 수준)을 사용해 총알이 날아와도 뚫지 못하고, 충돌사고나 전복되어도 찌그러지지 않도록 설계되어 있다.

요즘 한국은 공공 서비스, 민간 서비스 등 모두 친절, 신속, 정확하다. 거리마다 패션감각이 빠르고, 편리한 요소들이 많이 눈에 띈다. 이에 비해 미국의 거리는 기다림이 길고, 고지식하게 순서를 지켜야 차례가 온다.

그래도 여전히 살맛 나는 것은 어린이와 학생, 사회적 약자를 배려하는 교통문화가 꾸준히 자리 잡아 가고 있기 때문이다.

— 미주조선일보 LA판, 2023. 9. 20

싸우지 않고 굴복시키는 길

"지피지기知彼知己 백전불태百戰不殆"

춘추전국시대 오나라의 손무가 쓴 『손자병법孫子兵法』의 「모공편謀攻篇」에 나오는 유명한 구절이다.

'적의 상황을 잘 알고 나를 알고 있으면, 백 번을 싸워도 위태로울 것이 없다'는 의미이다.

모공편은 '싸우지 않고 적을 굴복시키는 것'을 전쟁의 최상책으로 여기고 있다. 실제로 전쟁을 하지 않더라도 군사력과 경제력, 외교, 군사동맹 등에서 적을 압도하면, 적의 지도자는 승산이 없음을 알고 싸움을 포기하게 되며, 군사들 또한 사기가 꺾이고 충성심이 약화되어 결국 전쟁 없이 승리할 수 있다는 점을 강조하고 있다.

독일의 통일은 결코 우연한 산물이 아니었다.

통일전 서독은 경제력과 군사력에서 월등히 동독을 능가하는 '힘의 우위 정책'을 지속적으로 추진했다.

또한 서독은 이웃 서방 국가들과 외교와 친선관계를 강화했고, 특히 동유럽국가들과는 군비통제, 긴장 완화, 무력 사용 포기 등의 평화 공안을 보내 그들과 무역대표부까지 설치하는 '외교력'을 발휘했다.

점차 고립되어 가던 동독 정부는 주민들의 서독에 대한 동경심이 점증하자 결국 서독이 요청한 '기본조약'을 체결하고, 동서독 간 교류 협력에 응하게 되었다.

'기본조약'이란 국경 불가침과 영토 보존, 무력 위협이나 무력 사용 포기, 양독 간의 상호즈의 인정, 분야별 인적·물적 교류 및 협력 등을 규정하는 조약으로 10개의 부속 문서로 구성되어 있다.

통독의 사례야말로 『손자병법』 「모공편」의 최상책, 싸우지 않고 적을 굴복시킨 현대사의 실례實例가 되었다.

통독 후 12년이 지난 2000년대 독일에서 다년간 근무할 때, 어쩌다 동독지역을 방문 또는 통과하면서 보았던 파손된 교통 인프라, 버려진 도시, 낙후된 시설, 가난에 찌든 동독인, 저건의 가능성이 전혀 보이지 않던 땅들이 지금도 기억에 생생하다.

10월로 통독 34돌을 맞았다. 폐허가 현대식 주거지와 상업지로, 전자공단으로 변모했다. 양독 간의 문화와 삶의 수준도 비슷하게 좁혀졌다. 천문학적 자본이 투입되긴 했지만, 그 효과는 세계 강대국으로 떠오른 것이었다.

분명 우리에겐 벤치마킹Benchmarking의 대상이다.

2018년 4월 27일 판문점 남북정상회담에서 김 위원장이 문 대통령에게 이런 말을 했다.

"오시면 솔직히 걱정스러운 것이 우리 교통이 불비해서 불편을 드릴 것 같습니다. 평창올림픽에 갔다 온 분들이 다 말하는데 평창 고속열차가 아주 좋았다고 하더군요. 남측의 이런 환경에 있다가 북에 오면 참으로 민망스러울 수 있겠습니다. 그래서 비행기로 오시면 잘 마중하겠습니다."

이 말은 북한 최고지도자가 문 대통령에게 방북 초청 인사말에서 북한의 불비한 도로 상황을 실토한 셈이며, 실제로 문 대통령은 4개월 후 대통령 전용기로 평양을 다녀왔다.

교통인프라는 경제활동의 기반과 사회적 생산기반을 형성하는 '기초적 시설'로서 도로, 항만, 공항, 철도, 수로, 하천 등 경제활동에 밀접한 '사회적 자본'을 의미한다.

북한의 교통망은 '주철종도主鐵從道' 즉 철도가 주역主役이고, 도로는 철도를 보조하는 교통 시스템이다. 그런데도 북한의 도로법엔 '도로는 나라의 얼굴이며, 경제 수준과 문명의 척도를 보여 주는 것'이라고 명시했다.

한국의 통계청 자료에 의하면, 2019년 기준으로 북한의 도로 총연장은 26,180㎞, 한국의 111,314㎞ 대비 24% 수준이다. 고속도로를 제외한 도로 포장률은 10% 미만이며, 간선도로 대부분이 왕복 2차선 이하다. 도로의 노면路面은 균열이 심해 평탄성이 낮아 자동차의 주행

한국의 동서남북으로 시원하게 뻗은 고속도로, 고속전철, 고속통신시스템, 그리고 세계로 연결된 허브 공항, 대형선들이 드나드는 항만 등 교통망 인프라는 경제발전의 밑거름이며, 곧 국력이다. 상대[敵]보다 월등하게 군사력, 경제력, 정신력(애국심), 외교와 군사동맹 등을 꾸준히 압도해 나간다면, 상대는 감히 우리를 넘보지 못할 것이다.

속도는 시속 50㎞ 이하로 제한적이다. 도로의 안전시설도 매우 부족한 실태이다.

북한의 고속도로는 총 6개로 총연장은 660㎞, 한국의 14% 수준이다. 북한의 최초 고속도로는 평양 - 원산 간 총연장 196㎞의 4차선 콘크리트 도로로 1978년에 완공되었다. 그 후 평양 - 강동, 원산 - 금강산, 평양 - 개성, 평양 - 향산 간 고속도로가 차례로 건설됐고, 평양 - 남포 간 고속도로(청년영웅도로)도 2000년도에 개통되었다.

이에 비해 한국의 최초 경부고속도로는 총연장 416㎞의 4차선으로 1968년에 착공해 1970년에 완공했다. (현재는 부분적으로 왕복 4차선에서 10차선으로 증폭되었다.)

북한은 자력갱생 경제가 발로 전력과 철도운수가 그들의 주력 인프라였다. 도로운수에는 자동차 숫자도 적고, 석유도 부족하고, 또 도로 정비에 투입될 재정도 감당할 수 없다 보니 불비한 실정이 되고 말았다. 주민들의 지역 간 이동 통제, 전쟁시엔 적의 차량이 느리게 달려야 유리하다는 그들의 전략에도 도로가 낙후되는 데 한몫을 했다고 분석된다.

남북한은 6·25전쟁 후 현재까지 70년간 휴전선을 경계로 대치하면서 정전(停戰) 중에 있는 유일한 나라다.

'정전협정(Armistice Agreement)'이란 당사국 간 협상으로 전체 전선에서 전투가 중단된 상태이며, 잠정적 합의에 불과한 것이다.

한국의 동서남북으로 시원하게 뻗은 고속도로, 고속전철, 고속통신 시스템, 그리고 세계로 연결된 허브 공항, 대형선들이 드나드는 항만 등 교통망 인프라는 경제발전의 밑거름이며, 곧 국력이다.

상대(敵)보다 월등하게 군사력, 경제력, 정신력(애국심), 외교와 군사 동맹 등을 꾸준히 압도해 나간다면, 상대는 감히 우리를 넘보지 못할 것이다.

— 미주조선일보 LA판, 2023. 10. 18

북한의 공항 인프라 실상

'포커페이스(Poker Face)'는 카드게임에서 참가자 중 전략적으로 아무런 표정을 짓지 않는 사람을 말한다. 카드게임에서 승패의 키Key는 자신의 감정은 최대한 숨기고 경쟁자의 표정을 정확히 읽어 내는 것이다.

포커페이스는 카드게임뿐만 아니라 중요 협상에서도 종종 적용되는 전략이다. 북한 정권은 어찌 보면 포커페이스 집단이다. 알고 있어도 안 되고, 알려고 해서도 안 되고, 알아도 말 못 하는 사회, 즉 포커페이스가 모인 '폐쇄사회'다.

북한의 교통인프라 실상을 파악한다는 것은 그들의 폐쇄성으로 인해 거의 불가능하다. 다만 6·25전쟁 때 파괴된 교통인프라가 재건되지 못한 채 방치되어 있다는 것이 북한을 다녀온 소수의 방문자나 탈

북자들의 입소문에 의해 부분적으로 알려진 정보이다.

하늘에 인공위성이 떠돌면서 북한의 영토와 영해를 샅샅이 내려다보고 유무선 통신을 감청하는 시대에 살고 있지만, 취득된 정보가 일반에게 공개되려면 많은 시간이 경과한 후에야 가능하다. 북한에서 간행되는 교통 관련 통계자료나 관련 서적을 구하기도 힘들고, 간혹 입수된 자료라 할지라도 최근에 발간된 것이 아니어서 현재 상황과는 차이가 있다.

2018년 4월 27일 판문점 남북정상회담에 참석하기 위해 김 위원장은 차량편으로 평양 - 개성 간 고속도로(166㎞)를 달려왔고, 고속도로가 끊긴 곳에서 판문점까지는 일반도로(1.4㎞)를 이용해 도착했다. 평양에서 판문점까지는 불과 2시간 거리다. 그는 차량을 타고 오면서 도로의 노면 상태, 도로 주변의 경관, 휴게소의 시설, 도로 주변에 있는 군시설, 주민들의 모습 등 매우 낙후된 실태를 보면서 이들 속내를 남측에 감추고 싶었을 것이다.

정상회담에서 김 위원장은 문 대통령에게 북한의 교통을 '불비', '불편', '민망한 수준'이라고 솔직히 말하면서, 평양에 오실 때 '비행기로 오시면 잘 마중하겠다.'고 했다.

6개월 후 문 대통령은 김 위원장의 요청대로 '전용기(B747: 공군 1호)' 편으로 평양(순안국제공항)을 방문했다. 2박3일간의 평양 정상회담이 막바지에 이르렀을 무렵, 두 정상은 공식 일정에 없던 백두산 방문을 전격 합의했다. 두 정상은 다음 날 백두산이 가까운 삼지연공항으로

'공군 2호(B737)'를 이용했고, 수행원들은 고려항공 편을 이용했다. (삼지연공항은 B747기의 착륙 불가)

'고려항공(Air Koryo)'은 북한의 유일한 국영 항공사이자 국책 항공사이다.

북한의 항공교통은 매우 제한적이며, 국제선으로는 평양 – 베이징, 평양 – 선양, 평양 – 상하이, 평양 – 블라디보스토크 간의 4개 정기노선뿐이다.

국내선은 평양 – 원산, 평양 – 함흥, 평양 – 청진, 평양 – 삼지연 간 정기노선이 있으나 여객 수요가 워낙 적어서 필요시에 승객을 모아서 운항하는 실정이다.

민항기 보유 현황은 약 25대로, 최근에 도입한 러시아제 TU-204, AN-148 최신 기종과 구소련제 TU-134, TU-154, AN-24, IL-62 등으로 대부분 낡은 기종을 보유하고 있다.

북한은 현재 56개의 공항을 보유하고 있으며, 이들 중 순수 민간공항은 없는 실정이다. 모두 군용, 혹은 군·민 겸용이다. 국제공항은 평양의 순안공항(FNJ)과 원산의 갈마공항(WOS), 2곳에 불과하다.

평양에서 약 25km 북쪽에 위치한 순안국제공항은 민·군 공용으로 1955년에 고려항공의 허브 공항으로 개항되었다. 현재 2개의 콘크리트 활주로가 있으며, 보잉 747기의 이·착륙이 가능하다.

순안국제공항을 이용하는 외국 항공사는 중국 국제항공이(베이징 –

한때 북한에 개성공단과 장마당(시장), 중국 브로커들을 통해 한국의 드라마, 영화 등 영상물 반입이 상당히 있었다. 북한 주민들에게 한국 사회가 알려지기 시작했다. 휴대전화도 이미 300만 대를 넘은 것으로 추정되고 있다. 머지않아 개방사회로 가는 변화의 물결이 일어날 것이다.

평양) 유일하다.

원산국제공항은 갈마해변 명사십리에 위치해 있어서 갈마공항, 또는 명사십리 비행장으로도 불린다. 북한은 한때 원산공항을 미사일 발사 시험장으로 사용한 바 있었다.

삼지연공항(YJS)은 양강도 삼지연시에 있는 공항으로 백두산 관광용으로 개발된 공항으로 해발 1,350m 높이에 건설되어 있다.

국제공항 2곳과 삼지연공항엔 콘크리트 활주로에 기본 공항시설 정도만 갖추어져 있다. 구글 지도(Google Map)로 관찰된 여타 북한 비행장들은 활주로만 깔려 있고, 기본 공항시설마저 전무한 실정이다.

대부분 공항에는 공군이 주둔해 있고, 공항 옆엔 기차역을 끼고 있는데 이것은 군사용 물자를 연계수송하기 위한 것으로 보인다.

북한은 10개의 민·군 비행장을 제외하면, 공군 전용 비행장은 46개를 보유하고 있다. 특히 황해도의 황주공군기지는 서울과 근접한 거리에 있고, 원산공군기지와 곡산공군기지는 휴전선까지 불과 10분 비행거리에 있다.

한국의 정보당국은 이들 공항의 이·착륙 전투기의 기종과 숫자, 체류 중인 조종사의 숫자까지 파악하며 감시하고 있다. 한국 공군은 북측의 월경越境 대응을 위해 '스크램불Scramble(비상출격) 작전' 태세를 갖춘 특수전투비행단도 가동하고 있다.

북한도 고민은 있다. 훈련 중이던 전투기(MIG 19) 1대가 남쪽으로 귀순한 사태가 있었기 때문이다. 이후부터는 전투기의 연료 주입이 제한적이며, 휴전선을 가까이하지 않는다.

한때 개성공단과 장마당(시장), 중국 브로커들을 통해 한국의 드라마, 영화 등 영상물 반입이 상당히 있었다. 북한 주민들에게 한국 사회가 알려지기 시작했다. 휴대전화도 이미 300만 대를 넘은 것으로 추정되고 있다.

머지않아 개방사회로 가는 변화의 물결이 일어날 것이다.

— 미주조선일보 LA판, 2023. 11. 1

북한의 잃어 가는 바다, 낙후된 항만

바다도 보존해야 될 해양영토다. 해양영토에도 국경선과 경계선(영해·공해)이 있다.

'바다를 지배하는 자가 세계를 지배한다'는 영국의 정치가 월터 롤리Walter Raleigh의 명언이 생각난다.

강대국의 서열은 해양력(Sea Power)에 달려 있다. 현재는 미국이며, 과거엔 영국, 그전엔 스페인이었다.

바다엔 배가 떠다닌다. 떠다니던 배가 항해를 마치면 정박해야 할 항구가 필요하다.

'항구'와 '항만'의 차이점은, 자연적인 포구砲口에 배가 드나들며 정박하는 곳을 '항구Port'라 한다. 그 항구에 선박 운항에 필요한 부대시설(부가가치)을 인위적으로 만들어서 편리성, 신속성, 경제성이 존재하도록 여러 옵션을 붙인 곳을 '항만Harbor'이라 한다.

무역이 일반화된 현대 사회에서 국가 간에 다량의 무역 물동량이 적시에 오고 갈 수 있게 하는 사회적 인프라 중 가장 중요한 곳이 바로 항만이다.

공항Airport은 겨우 110년의 역사를 가졌지만, 항구는 기원전에 이미 여러 항구가 지중해를 중심으로 존재했다. 그중에서도 욥바Joppa 항구는 3,600년의 가장 오랜 역사를 지닌 항구이다. 욥바는 구약성서에도 4번이나 등장할 만큼 오래된 항구 도시이다.

항구는 그 기능에 따라 상업(무역)항, 군항軍港, 어항漁港으로 구분한다. 현대화된 무역항은 항만 데크Harbor Deck에 '이동식 갠트리 크레인(Gentry Crane)'들이 설치되어 있다. 대부분의 무역품들은 보관과 이동이 쉬운 컨테이너(Box)에 담겨서 컨테이너선으로 운송되기 때문이다.

무역항의 크기와 생산성은 설치된 갠트리 크레인의 대수와 컨테이너 취급 물량에 따라서 평가된다.

북한 서해안 항로는 북부 용암포에서 해주까지 250해리, 동해안 항로는 선봉에서 원산까지 300해리다. 북한의 무역항은 서해안 3곳(남포·송림·해주), 동해안 6곳(청진·원산·흥남·단천·선봉·나진)으로 총 9개의 무역항이 있지만, 남포항을 제외하곤 거의 재래식 항단이다.

남포항은 북한 최대의 무역항으로 대동강 하구에 위치해서 평양공업지구의 관문 역할을 하고 있다. 평양에서 서남쪽으로 약 70㎞ 떨어져 있고, 중국 다롄大連항과는 약 180해리 거리에 마주 보고 있다.

남포항은 2005년도에 컨테이너 전용부두를 완성하여 북한 유일의 현대화된 소규모 항만을 갖추고 있다.

1999년 북한은 나진 - 선봉지역을 동북아지역의 국제중계수송기지로 개발하겠다는 발표를 했으나, 중국과 러시아로 통하는 육로陸路만 개발되었으며 항만 인프라는 경제적 여건으로 답보상태에 있다.

2020년 기준 항만 하역능력은 북한은 약 4,000만 톤(추정), 한국은 약 12억 톤으로 30배의 차이가 난다.

북한의 보유 상선 수는 1980년대 이후 계속 감소해 왔고, 2000년 이후 건조된 상선은 2척에 불과하다.

남한과의 비교 보유 선박톤수는 1975년에 이미 20배의 차이가 났고, 2019년도엔 약 47배로, 2023년 현재는 약 50배 이상 벌어졌을 것이다.

북한은 한반도 분단시만 해도 부존자원과 산업 관련 사회기반시설면에서 한국보다 유리한 조건이었다. 초기의 경제 우위와 대외원조를 기반으로 일어선 북한은 자립경제를 표방하기 시작했고, 필요에 따라 사회주의 국가들과 교역을 통해 안정적으로 성장했다.

그러나 북한 경제는 소련 붕괴 이후 급격한 위기에 봉착했다. 대외경제 활성화 정책을 추진해 왔지만, 핵개발로 인해 국제사회의 경제 제재가 강화되면서 오히려 국제적으로 고립되는 결과를 초래했다.

따라서 중국 의존도가 거의 절대적이며, 무역량은 중국과 러시아로

> 동해 쪽에 출구(항구)를 전혀 갖지 못한 중국은 북한의 경제적 약점을 이용해 차항출해借港出海 전략을 세웠다. 즉, 북한의 항구를 빌려 동해로 뻗어 나가려는 속셈이다. 우리가 잊고 있는 사이 북한의 바다는 어느새 중국 선박들의 활동 공간으로 채워져 가고 있다.

집중되면서 육상(열차) 운송에 의존하고 있다. 또한 대북제재로 인해 북한 항만에 기항하는 외국선박도 거의 전무 상터로 개항휴업인 셈이다. 사용자가 없는 항은 쇠퇴할 수밖에 없다.

북한의 서해 어장(압록강 하구에서 NLL까지)은 이미 중국 어선들에 의해 치어稚魚들까지 싹쓸이당해 황폐화했고, 서해 남쪽 어민들의 어획 감소는 물론 미래의 수산물 먹거리까지 걱정하게 되었다.

최근 북한은 경제사정 타개책으로 동해 어장마저 중국에 어선 1척당 입어료($37,000)를 받고 개방했다. 허가된 포획 어종은 오징어로 단일 어종이지만, 중국은 모든 어족魚族을 싹쓸이하고 있는 실정이며 중국 어선들은 북한의 동·서해 어장을 공세적으로 확장해 가는 중이다.

동해 쪽에 출구(항구)를 전혀 갖지 못한 중국은 북한의 경제적 약점을 이용해 차항출해借港出海 전략을 세웠다. 즉, 북한의 항구를 빌려 동해로 뻗어 나가려는 속셈이다. 우리가 잊고 있는 사이 북한의 바다는 어느새 중국 선박들의 활동 공간으로 채워져 가고 있다.

미래학자들은 인류의 미래가 바다에 달려 있다고 한다. 인구 증가, 자원 고갈 등의 문제에 직면하면서 바다는 21세기를 이끌어 갈 성장동력으로 주목받고 있다. 바다는 생물자원, 광물자원, 에너지자원, 공간자원, 수자원 등 무궁무진한 자원이 묻힌 보물창고이다.

　북한의 해양과 수산자원의 적정 관리가 더 이상 남의 일이 아니라, 우리의 당면 공동과제가 되었다.
　한반도의 바다, 보존돼야 할 영토이다. 남북이 함께 지켜야 할 우리의 자산이다.

― 미주조선일보 LA판, 2023. 11. 15

공멸에서 상생으로

학창시절 농담처럼 사용했던 영어 조크가 생각난다.

"You die, me die, all die!"

콩글리시이지만 뜻은 통한다.

"너 죽고, 나 죽자!"

어리석은 말 같지만, 아주 무서운 말이다.

이 말은 인간관계에서 억울함이나 분노가 극에 달해 참기 어려울 때, 극단적인 선택밖에 남지 않은 벼랑 끝이다.

중국 전국시대 정鄭나라의 도가道家 사상가 열자刎子란 사람의 책에 '동귀어진同歸於盡'이라는 고사가 나온다. 적과의 싸움에서 전력 차이가 너무 커서 도저히 어찌할 수 없거나 극단적 상황에 몰리면 나 자신은 물론 상대방과 함께 죽는 전략이다. '상대방과 동반 죽음으로 함께 간다'는 의미로, 공멸共滅을 뜻한다.

사람도 국가도 홀로 살 수 없는, 공동체 속에 공생하며 사는 존재다. 공생은 서로 상대의 체면과 입장을 고려하며 세워 주는 삶이다. 한쪽은 명분을 취하고 다른 쪽은 실리를 얻는다면 윈-윈이 되는 것이다. 마음을 조금 더 크게 열고, 제3의 대안이 있겠다는 긍정적 생각만 갖는다면 가능한 길은 찾을 수가 있다.

중국 무협소설에서나 자주 등장하던 구절, '동귀어진'은 선거전이나 파업현장에서도 흔히 사용된다.

선거전에서 특정 정당 후보를 낙선시키기 위해 선거에 출마해서 그의 득표를 분산시키므로 '동반낙선'을 꾀하는 물귀신 작전이나, 파업 쟁의에 임하는 노조원들이 비장한 각오로 '노조도 회사도 같이 죽자'는 식의 '동반공멸'을 위협하는 경우들이 동귀어진이다.

'너 죽고 나 죽자'라는 말은 조직 폭력배나 깡패들 사회에서 막가파들이 흔히 쓰던 위협적 공갈이었는데, 국제적으로 고립된 북한이 핵을 무기로 '너 죽고 나 죽자'라는 막가파 배짱으로 나오고 있다.

핵의 발견은 인류의 탁월한 과학적 성과물이기도 하지만, 인류의 존립 자체를 위태롭게 하는 파멸의 무기가 되었다. 핵이 폭발할 때 발생하는 고열과 충격파, 방사능물질은 주변 수십 킬로미터를 초토화시킨다.

핵전쟁은 전쟁 당사국만의 문제가 아니라, 핵폭발로 기후와 토질을 변화시켜 인류와 생물을 공멸시킨다.

지구상엔 약 12,000개의 핵폭탄이 존재하고, 이중 약 3,700개가 실전에 배치되어 있다는 통계가 발표됐다. 자칫 누구 하나 실수로 핵 버튼을 누른다면 그 결과는 돌이킬 수 없는 초대형 참극이 발생한다.

미국의 과학국제안보연구소(ISIS)는 2022년 말 북한은 약 45기의 핵무기를 보유하고 있을 것으로 추정했다. ISIS는 북한의 플루토늄과 고농축 우라늄 생산량을 토대로 핵무기 수를 추정한 것이다.

이런 북한에 대응해 한국도 핵을 개발, 보유해야 한다는 '자체 핵무장론' 주장이 크게 대두되고 있다. 최근 실시한 한 설문조사에 의하면, 한국인의 71%는 자체 핵무기 개발에 찬성하고 있다.

사실 한국은 핵으로 인해 큰 수혜受惠를 입었다.

일본 히로시마-나가사키에 미국이 투하한 2발의 원자폭탄은 일제 식민 지배하에서 한국을 해방시켰다.

또 다른 혜택은 자원이 빈약한 한국에게 원자력은 중공업 육성에 엄청난 공헌을 했다.

일본은 우리와 반대적 입장이다. 1945년 2발의 원자폭탄으로 하루 아침에 패전국이 되었다. 또 1954년엔 태평양에서 조업 중이던 일본 참치어선이 미국의 수소폭탄 실험에 피폭되는 참사를 겪었다. 당시 일본 어선에는 23명이 조업 중이었다.

2011년엔 동일본 해상지진으로 후쿠시마 원전이 폭발하는 대형사고를 겪었고, 지금까지도 그 여파가 존재하고 있다. 따라서 일본 국민은 핵에 대한 공포와 피 해의식을 상당히 갖고 있다.

핵전쟁에는 승자가 있을 수 없다. 모두가 패자일 뿐이다.

미국과 소련 사이에서 전개되어 온 핵 억제의 기본적 논리는 상호 방어가 불가능해 인류에게 공멸의 결과를 초래할 것이 분명하기 때문에 핵전쟁은 억제되어 왔다.

며칠 전 한국과 북한은 군사적 긴장 완화를 위해 2018년에 체결한 '9·19군사합의' 효력을 완전히 정지시켰다.

이는 북한이 11월 21일 우주로 정찰위성을 성공적으로 발사했다는 발표로 시작되었다. 따라서 한국도 묶여 왔던 '9·19 군사합의' 효력을 정지시킨다는 선언을 선제적으로 발표했다. 북한이 미사일 발사 중단이나 비핵화에 진전이 없는데, 우리만 9·19군사합의에 묶여서 안보태세가 느슨해졌던 것을 오히려 이번 기회에 바로 세워야 할 것이다.

한국은 북한에 비해 월등한 성능과 기동機動을 갖춘 해·공군이 완충 구역에서 실전훈련과 정찰활동을 재개하게 되었다. 이에 맞서 북한은 휴전선에 병력과 신형장비들을 전진 배치할 것이라고 위협을 가했다.

어떤 도발이든지, 사전에 도발로 인해 득得과 실失을 따져서 실이 크다면 절대 도발하지 못한다. 평화는 '힘의 우위', 즉 군사력·경제력·외교력이 월등할 때 지켜진다.

사람도 국가도 홀로 살 수 없는, 공동체 속에 공생하며 사는 존재다. 공생은 서로 상대의 체면과 입장을 고려하며 세워 주는 삶이다. 한쪽은 명분을 취하고 다른 쪽은 실리를 얻는다면 윈-윈이 되는 것이다.

마음을 조금 더 크게 뜯고, 제3의 대안이 있겠다는 긍정적 생각만 갖는다면 가능한 길은 찾을 수가 있다.

핵으로 국제사회를 위협하고, 체제와 사상으로 인권을 억압하고 통제하는 자세로는 결코 오래갈 수 없다. 세상이 열려서 시대가 변했다는 것을 이젠 민초들도 알기 시작했다.

성서에도 '만일 서로 물고 먹으면 피차 멸망할까 조심하라'고 경고하고 있다.

'공멸(Die – Die Game)'에서 '상생(Win – Win Game)'으로 가는 길을 모색해야 할 때다.

— 미주조선일보 LA판, 2023. 11. 29

마무리가 좋으면 과정도 미화된다

한 해의 끝, 12월도 며칠 남지 않았다. 속절없이 뜯겨 나간 기간들 뒤로 달랑 한 장 남은 달력에 아쉬움이 묻어난다.

한 해의 끝을 향해, 수평선 너머에서 쉼 없이 밀려오던 시간이 이제 모래밭 해변에 다다르니 묘한 감정이 인다. 세월은 흐르고 나이도 들었건만 뜻대로 다 이루지 못한 허탈감과 허망함이 회한처럼 남아서일까.

연초부터 월 2회씩 신문에 글(칼럼)을 게재해 오면서, 인쇄된 내 글을 읽을 때마다 뭔가 좀 부족함이 느껴졌다. 글의 마지막 부분, 즉 마무리가 썩 마음에 들지 않아 속상하고 아쉬움이 늘 남았다.

'저녁이 되기 전에 하루를 칭찬하지 말라(Man soll den Tag nicht vor dem Abend loben).'

독일의 속담이다. 저녁은 하루의 끝을 맺는 마무리 시간이다. 결과를 보기 전에 결코 좋아하거나 칭찬하지 말라는 뜻이다.

'결과가 좋으면 과정을 정당화시킨다'는 말이 있다. 과정이 미숙했더라도 결과가 좋으면 그것은 미화된다. 반대로 결과가 나쁘면 모든 과정은 무의미하다. 스포츠에서 내용으론 이겼어도 승부에 지면 패한 것이다. 세상은 결과만을 기억하는 것 같다.

곧 2023년도의 '문지방'을 넘어가게 된다. 이어서 2024년도의 '문턱'에 다다를 것이다.

문지방은 방과 방의 경계선이다. 공간의 칸막이다. 옛 어른들은 문지방 밟으면 복 나간다고 아이들에게 야단쳤다. 유대인의 풍습엔 여자가 문지방을 넘어야 비로소 그 집의 신부가 된다고 한다.

우리 속담에 '다 가서 문지방을 못 넘어간다'는 말이 있다. 힘들게 일은 했으나 완전히 끝을 맺지 못해 헛수고만 했다는 뜻이다. 그만큼 마무리가 중요하다는 것을 강조하고 있다.

요즘 집들은 대문에 문턱이 없지만, 옛날 집은 대문에 반드시 문턱이 있었다. 특히 벼슬아치의 집은 문턱이 높았다. 벼슬의 권위와 부귀의 상징을 문턱으로 간접 표현한 것이 아닌가 싶다.

문턱은 문기둥의 좌우를 붙잡아 주고 문틀의 바닥 기능을 해 준다. 대문의 문턱은 묵직한 대문을 든든하게 받쳐 주는 기능 외에도 비가 왔을 때 빗물이 넘쳐 흘러들지 못하게 막아 준다. 밤중엔 쥐나 뱀이 감히 넘어오지 못하게 하는 기능도 있다. 야생동물조차도 문턱 앞에 잠시 멈춰 서서 사방을 두리번거리고, 신중히 살핀 끝에야 조심스레 넘는다.

드디어 홀가분하게 문지방을 넘고, 설레는 기대로 문턱을 맞이할 때가 되었다.

어느 격투기(UFC) 챔피언에게 물었다.
"어떤 운동과 어떤 무술을 배워야 챔피언 벨트를 획득할 수 있습니까?"
격투기 챔피언은 불끈 쥔 주먹을 보이며 대답했다.
"나가서 힘센 놈과 30번만 싸워 보면 그 답이 나옵니다."
어느덧 그가 60을 바라보는 때,
"챔피언으로서 인생을 후회 없이 살아오셨습니까?"
물었더니 씁쓸한 미소를 지으면서 대답했다.
"명예는 좀 얻었는데, 건강에 문제가 생겨 일찌감치 은퇴하고, 이렇게 휠체어에 의지합니다."
그는 자기 인생 여정의 끝부분, 마무리에 대한 준비를 못했던 것에 대해 크게 후회했다고 한다.

춘추전국시대에 진나라 무왕武王이 세력이 커지자 교만해져서 처음 품었던 천하통일 계획을 잃어버리자 이를 안타깝게 여긴 신하가 왕에게 『시경詩經』에 나온 말을 인용하여 건의했다.
"행백리자行百里者 반어구십半於九十, 백 리 길을 가야 하는데 이제 절반인 구십 리까지 왔습니다. 나머지 절반인 십 리를 더 가야 합니다. 대왕께서 천하통일의 대업을 끝까지 마무리하시어 '유종의 미'를 거한 해의 끝을 향해 먼 수평선으로부터 점차 육중한 파도로 쉼 없이 밀려왔는데, 막상 얕은 모래밭 해변에 다다르니 묘한 기분이 든다. 세월도 가고 나이도 들면서 한 해 동안 뜻대로 다 하지 못한 허탈, 허망한 회한이 남아 있기 때문일까!

두신다면 온 천하가 우러러볼 것입니다."
시작한 일을 끝까지 잘해 얻은 결과를 '유종지미 有終之美'라고 한다.

90세가 된 '우공'이 집 앞에 있는 산이 가려서 멀리 들판을 바라볼 수 없게 되자 산을 옮기기로 결심했다.
지게(A frame)에 산의 흙을 퍼 담아 짊어지고는 먼 바닷가에 버리고 돌아오기를 여러 날 반복하고 있었다.
이웃들이 우공을 조롱하며 비웃기 시작했다.
"우공의 춘추가 몇인데 언제 산을 다 옮기겠어요?"
우공은 대답했다.
"내가 못다 하면 내 자손들이 이어서 할 거야! 산은 유한이고 내 자손은 대대로 이어 갈 터니까! 내가 죽으면 옥황상제께 부탁이라도 드릴 테니 걱정 말게!"
이 말을 들은 옥황상제는 우공의 집념에 감복되어 그 산들을 낮추어 주었다.
고사성어 '우공이산 愚公移山'은 이 전설에서 비롯되었다.
'우공이산'은 어떤 일이든지 꾸준히 계속하면 끝을 이룰 수 있다는 교훈을 주고 있다. 중국의 모택동 주석은 이 고사성어를 회의석상에서 자주 인용했다고 한다.

누구나 처음 시작하는 일엔 관심이 깊다. 그러나 일의 마무리 단계에선 별로 관심을 기울이지 않는다.

새해의 '해돋이'를 보기 위해서 많은 사람들이 바닷가로, 산으로 몰려가지만, '해넘이'를 보러 가는 사람은 드물다. 처음 시작에 관심이 더 많다는 실례實例를 보여 준다.

다사다난多事多難했던 2023년 해가 저물어 간다. '처음처럼' 이 단어를 되새기며 마무리할 시간이다.

나를 지켜 주신 창조주께 감사하고, 수고한 내 자신을 위로하면서 올해의 문지방을 슬기롭게 넘어가자.

— 미주조선일보 LA판, 2023. 12. 13

통일의식과 통일 준비

　북한이 그렇게 강력히 반발했던 '애기봉의 성탄 트리'가 이번 성탄절에 불빛을 다시 밝혔다. 철탑이 철거되고 조명이 꺼진 지 10년 만의 일이다.

　김포시에 속한 '애기봉'은 북한 개풍군과 불과 1.4㎞ 떨어져 있고, 해발 155m로 지대가 높아 북한 주민들은 성탄 트리의 불빛을 육안으로 볼 수 있다. 이에 북한당국이 반공화국 심리전이라며 강하게 반발해 9년 전에 철거했던 트리다.

　전력 사정으로 어둠에 잠긴 북녘의 하늘을 향해 밝혀진 성탄 트리의 불빛이 북한 주민들에게 '자유의 불빛'이자 위로와 희망, 평화의 상징이 되기를 기원해 본다.

　서울대 '통일평화연구원'에서 '2022 통일의식조사 학술회의'가 시흥캠퍼스에서 개최되었다.

학술회의에서 밝혀진 통계와 특징 가운데 '한반도에 통일이 꼭 필요하냐?'는 질문에 '필요하다'고 응답한 비중은 감소하고, '필요치 않다'고 응답한 비중은 증가 추세로, 특히 2, 30대의 젊은 층을 중심으로 확산되고 있다는 점을 짚었다.

특히 MZ세대는 과반 이상이 통일을 반대하는 유일한 세대이며, 통일을 한다면 '민족주의적' 이유보다 '실리적' 이유로 통일을 지지한다고 밝혔다. 젊은 층 대부분은 남북통일을 '민족의 위업'이라고 생각하기보다 '경제적 재앙'으로 인식하고 있다.

우리 세대는 남북통일을 민족의 숙원으로 여기며, 단일민족주의에 바탕을 둔 통일의 필요성과 당위성을 당연하게 받아들이며 살아왔다. 세월이 흐를수록 민족의식은 희박해진다지만, 한국 청년들의 민족의식이 급격히 퇴색되는 것이 매우 우려된다. 그들에게 있어서 통일이란 천문학적 비용을 쏟아붓고, 그 결과 경제·정치·문화·사회 혼란은 물론 빈민, 빈국으로 후퇴를 초래할 수 있는 대형사건이 된다는 것이다.

그 이유는 무엇보다도 남북한의 국민소득 격차와 북한의 성장동력의 잠재력 약화 때문이다.

코로나19 사태 이후, 북한의 인구는 남한 인구(5,200만)의 절반 수준이다. 2023년 통계청 발표에 의하면, 북한의 GDP(Gross Domestic Product : 국내총생산)는 겨우 36조 2,000억 원으로, 남한 GDP의 약 60분의 1 수준으로 경제력이 매우 빈약한 상태이다. 북한의 1인당 연소득은 $1,200불, 남한의 1인당 소득은 $35,000불, 소득 격차는 지금이 약 30배이지만, 격차는 매년 확대될 것으로 전망하고 있다.

이번 학술회의 설문조사에서, 만일 남북통일이 된다면 강장 북한 주민들의 의식주 해결과 북한의 경제복구에 엄청난 재정을 쏟아부어야 하기 때문에 남한의 경제력까지 후퇴할 것이라는 염려가 가장 많았다. 막상 통일이 되어 휴전선에 철조망이 철거된다면, 서울 지하철역 지하도에서 노숙이라도 하겠다고 줄줄이 넘어오는 엄청난 북한 주민들을 어떻게 감당할 것인지, 이에 대한 대책부터 미리 마련해야 된다는 것이다.

또 북한 청년들이 남한 사회에서 살아남기 위해 기를 쓰고 공부해서 9급 공무원 자리부터 차지해 올라올 것이 뻔히 보이는데, 공직자 채용 자격을 어떻게 제한할 것인지도 검토돼야 한다는 의견도 제시되었다.

결국 통일이 된다 해도 잠정적 휴전선 통행을 통제해야 하고, 북한 주민들의 공민권도 어떤 식으로든 차별을 할 수밖에 없게 될 것이다. 세월이 어느 정도 지나 남북 간 왕래가 자유로워진다 해도 상호 인간관계에서 불리한 차별 대우를 받지 않으리란 보장도 없다. 이를테면, '1등 시민'과 '2등 시민'의 구별이 보이지 않게 생기고, 이런 상태를 '단일민족통합'이라고 자랑할 수 있겠느냐는 것이다.

물론 민족 통일을 위해 고생을 분담하고 동고동락해야 한다는 정신의 젊은 층도 있긴 하지만, 소수에 불과한 것이 현실이다.

통일을 앞당기기 위해 노력하는 것 이상으로 통일을 준비하는 일이 한반도 통일은 70년 이상 오래 단절된 두 나라, '한국'과 '조선'이 만나서 통합하는 과정이다. 통합 과정에서 겪게 될 이해충돌, 사회적 갈등, 이웃 국가와의 관계, 이념과 사상의 대립, 문화충격, 적대의식 등도 교육을 통해 해소해야 하고, 통일 후에 발생하는 빈부격차, 인구이동, 북한지역의 공동화空洞化, 사회보장제도 등도 해결해야 할 과제이다.

더 중요하다.

  통일을 대비한 첫째 요건은 '민족의 동질감'을 회복하는 일이다. 동질감을 회복하는 길은 인간의 '다양성Diversity'에 대한 존중과 이해일 것이다. 다양성의 기본 전제는 '다름'과 '차이'를 인정하는 것이며, 다양성이 존중되지 않으면 '차별'과 '착취'가 발생한다. 차별과 착취는 '사회적 갈등'을 유발하고 '인권과 정의'라는 기본가치를 훼손하게 된다. 지역 간, 세대 간, 그리고 계층 간의 차이에서 오는 갈등과 반목은 다양성을 인정하지 않아서 초래된 사회적 병폐이다.

  통일을 대비한 두 번째 요건은 북한의 '경제적 여건을 남한과 비슷한 수준'으로 끌어올리는 작업이다. 북한이 핵무장을 포기한다면 자본과 기술, 경제적 지원으로 꾸준히 경제 수준을 상승시켜야 한다. 이런 준비도 없이 통일을 맞이한다면 '통일대박'이 아니라, 오히려 '통일재앙'이 될 것이다. 통일로 인해 얻어지는 자원과 값싼 노동의 편익도 있겠지만, 동시에 천문학적 비용이 소요되는 것이 사실이다.

  한반도 통일은 70년 이상 오래 단절된 두 나라, '한국'과 '조선'이 만나서 통합하는 과정이다.

  통합 과정에서 겪게 될 이해충돌, 사회적 갈등, 이웃 국가와의 관계, 이념과 사상의 대립, 문화충격, 적대의식 등도 교육을 통해 해소해야 하고, 통일 후에 발생하는 빈부격차, 인구이동, 북한지역의 공동화空洞化, 사회보장제도 등도 해결해야 할 과제다.

  통일이 어디쯤 오고 있는지, 늘 걱정스런 마음으로 바라보는 이유는 이렇게 많은 과제들을 언제, 어떻게 해결할 것인지, 그 준비를 서둘러야 하기 때문이다.

― 미주조선일보 LA판, 2023. 12. 27

출발선에서 드리는 기도와 염원

시간 너머엔

언제나

시간이 있었다

마지막은

언제나

처음으로 돌아오고

그 처음 앞에서

우리는

희망을 가졌다

긴 방황의 끝

새롭게 출발하는

시점에 서서

신호를 기다리는

시작

그 끝에는

찬란한

푸른

불빛이 있었다

시인 김근이의 시 「새로운 시작」을 새해 출발선에 서서 펼쳐 읽어본다.

2024년 새해가 밝았다. 출발을 알리는 갑진甲辰년의 시조, 푸른 불빛으로 '청룡靑龍'이 떠올랐다.

오행사상에서 청색은 생명의 시작을 알리는 동쪽을 상징하며, 청룡은 '동방을 수호하는 신성한 용'으로 바람까지 다스린다고 한다. 용은 상상의 동물이지만 임금(王)을 뜻했다.

'청룡' 하면 가공할 만한 힘과 용기, 기백과 위용의 천하무적, 베트남 북부전선에서 베트콩의 귀신까지 완전 섬멸시켰던 상승무적의 해

고대 로마의 선원들은 고된 항해와 노동으로 지쳐서 더 이상 아무 일도 할 수 없을 때 목적지 항구 쪽으로 배의 뒤편에서 밀어주는 순풍을 만나면 환호를 지르며 반가워했다. 이때 밀어주는 바람을 라틴어로 'Opportunity'라고 했다. 우리말로 '기회'라고 번역했다. 기회는 바람처럼 지나가는 것이기에 언제나 준비된 자만 이용할 수 있는 것이다.

병, 우리의 자랑스럽던 청룡부대가 생각난다.

   우리 조상들은 1월(첫 달)을 '아침에 힘차게 솟아오르는 새해를 보는 달'이라고 해서 '해오름달'이라 하고, 바로 엊그제 지나간 달 12월은 '한 해를 마무리하며 매듭을 짓는다'고 해서 '매듭달'이라고 불렀다.
   해오름달은 '시작'과 '출발'의 달이다. 출발(Departure)엔 '설렘'과 '두려움'이 깃들어 있다. '해오름'은 솟아오르는 희망Hope이며, 새로운 기대Expectation를 갖게 한다.
   무엇이건 처음 시작할 땐 기분도 새로워지고, 잘해야 되겠다는 다짐과 각오를 갖게 마련인데, 그와 더불어 새로운 상황에 대한 '설렘'과 '두려움'도 동시에 따른다.
   사람이건 일이건 시간이 경과하면 익숙해지고 긴장감이 사라지면서 그 자리엔 편안함과 친숙함이 채워진다.
   톨스토이는 '최상의 행복은 연말 끝에 가서 연초의 계획보다 조금이라도 향상되고 좋아졌다고 느끼는 것'이라고 행복을 정의했다.

'기회(Opportunity)'란 준비된 자에게만 찾아온다. 준비하지 못한 자에겐 그저 스쳐 지나가는 바람일 뿐이다.

'Opportunity'라는 단어는 '항구Portus 쪽으로 불어 주는 바람'을 일컬어 라틴의 선원들이 사용했던 해상용어이다. 고대 로마의 선원들은 고된 항해와 노동으로 지쳐서 더 이상 아무 일도 할 수 없을 때 목적지 항구 쪽으로 배의 뒤편에서 밀어주는 순풍(Favorable Winds)을 만나면 환호를 지르며 반가워했다. 이때 밀어주는 바람을 라틴어로 'Opportunity'라고 불렀다. 우리말로 '기회'라고 번역했다.

기회는 바람처럼 지나가는 것이기에 언제나 준비된 자만 이용할 수 있는 것이다.

인생은 오늘의 연속이다. 어제는 이미 흘러간 과거 역사History이고, 내일은 아직 내 소유로 주어지지 않은 미지Mystery의 시간이다. 바로 오늘만이 내게 주어 진 선물Present이다.

2024년에도 기회의 바람은 변함없이 불어올 것이다. 바람을 맞이할 준비(Get Ready)는 바로 오늘이다.

창조주는 변함없이 매일 아침마다 해를 솟아오르게 하고(Sunrise), 저녁이 되면 침몰(Sunset)시킨다. 또 밤이면 달을 뜨게 하고, 무수한 별들을 볼 수 있도록 쉬지 않고 우주(Universe)를 성실하게 운행하고 있다.

금년 한 해도 창조주는 대자연과 계절을 성실하게 섭리하며 관리해 나갈 것이다. 창조주의 형상대로 지음받은 인간, 우리도 새해의 기도와 염원을 그분처럼 성실하게 행한다면 성취되지 않을까.

이민자들이 맞이하는 새해 아침의 기도는 소탈하면서도 좀 특별하지 않을까?

가난하게도 마옵시고, 부하게도 마옵시고, 오직 필요한 양식으로 먹이시고, 허탄과 거짓을 내게서 멀리하옵시며, 저의 처지와 환경에서 성실하게 행하게 하옵소서!

그리하여 가족의 건강, 경제적 안정, 신분문제, 인종차별문제, 자손들의 교육, 미국과 모국의 발전 등등이 형통되게 하옵소서~

바람까지 다스리는 2024년의 '청룡'이 기회의 바람으로 밀어줄 것을 기대하며 올 한 해도 성실과 정직으로 살아갈 것을 다짐해 본다.

— 미주조선일보 LA판, 2024. 1. 2

비 오는 날의 도우미, '와이퍼(Window Wiper)'

아침 깨니
부슬부슬 가랑비 내린다

자는 마누라 지갑을 뒤져
백오십 원을 훔쳐
아침 해장으로 나간다

막걸리 한 잔 내 속을 지지면
어찌 이리도 기분이 좋으냐?
가방 들고 지나는 학생들이
그렇게도 싱싱해 보이고
나의 늙음은 그저 노인 같다

비 오는 아침의 이 신선감을

나는 어찌 표현하리오?

그저 사는 대로 살다가

깨끗이 눈 감으리오

「귀천歸天」으로 유명한 천재시인 천상병의 시, 「비 오는 날」이다.

시詩와 술酒로 한세상을 소풍처럼 살다 간 기인奇人, 천상병의 시가 비 오는 날이면 문득 생각난다.

그저 사는 날까지 살다가 눈 감게 될 인생이, 비 오는 날이면 괜히 더 처량한 느낌이 든다.

금년 겨울 캘리포니아 지역엔 유난히도 비가 많이 내렸다. 대부분 바람을 동반한 폭풍우였다.

몇 백 년의 역사를 지닌 큰 나무들이 겨울비를 잔뜩 머금은 채, 폭풍에 시달리다 자신의 무게를 못 이겨 결국 부러지거나 쓰러진 광경들을 골프장에서 흔히 보게 된다.

산 언덕빼기 부촌 동네의 저택들을 오랫동안 받쳐 왔던 절벽들이 폭우에 시달리다 토사로, 낙석으로 무너졌다. 고급스러운 집을 버리고 강제 피난을 떠나는 모습들이 TV에 등장할 때마다 자연 앞에선 부촌富村의 힘도 미력함을 실감하게 된다.

삽시간에 빗물에 잠기는 도로, 여기저기 물웅덩이들을 보면서 운전에 바짝 조심을 하게 된다. 도로 표면도 미끄럽고 시야가 제한되니 차량의 흐름이 느려지고, 정체와 혼잡으로 운전하기가 여간 짜증스럽고 피곤한 게 아니다.

이렇게 비 오는 날엔 앞을 내다볼 수 있게 해 주는 유일한 장치가 와이퍼Wiper다. 와이퍼는 앞창의 빗방울과 흐르는 빗물을 와이퍼 날이 좌우로 반복하며 닦아 주는 비 오는 날의 고마운 '도우미'이다.

자동차 유리창의 와이퍼는 미국의 한 평범한 주부가 고안해 낸 발명품이다. 1903년 여름 앨라배마주 버밍햄에 사는 마리 앤더슨(Mary E. Anderson) 부인이 폭우가 쏟아지는 날 전차Streetcar를 탔다. 전차 운전사는 빗방울로 시야를 가린 유리창을 닦아야 했고, 이를 위해 몇 차례 전차를 세우고 밖에 나가 비를 맞으며 유리를 닦는 것을 보게 되었다. 어떤 전차에는 유리창을 닦아 주는 조수를 두기도 했다.

앤더슨 부인은 집에 돌아와 연구를 거듭한 끝에 전차 내부에 설치된 수동 레버를 이용해 레버를 당기면 유리창의 고무 날이 위로 올라가고, 놓으면 내려가는 방식으로 유리를 깨끗이 닦아 시야를 확보할 수 있는 방식으로 특허를 냈다. 이 특허를 캐나다의 한 장비제조사에 판매하려 했으나, 거절당했다. 실용적 가치가 적고, 겨울철 우기雨期가 지나면 와이퍼를 제거해야 한다는 것이 이유였다.

비웃음까지 받았던 이 발명품은 놀랍게도 1916년 대부분 차량의 유리창에 표준 와이퍼로 선정되었다. 1922년부터 캐딜락 회사는 모비 오는 날 운전을 하면서 문득 사람의 마음에도 와이퍼가 있으면 좋겠다는 생각이 들었다. 가슴 아픈 기억들, 잊고 싶은 추억들, 미워하는 생각 등 나쁜 기억들을 닦아 낼 수 있지 않을까?

든 출시 차량에 와이퍼를 필수적으로 장착한다고 공식 발표했다.

이후부터 와이퍼는 과거 100년 동안 많은 개선과 보완을 거쳐 오늘날엔 자동조절 기능까지 갖추게 되었다. 와이퍼는 비 오는 날, 차량 운행에 절대로 없어서는 안 될 필수품이 되었다.

배에도 조타실操舵室(Wheel House) 유리창에 와이퍼가 있다. 조타실은 자동차로 말하면 운전석이며, 배에서 가장 높은 곳으로, 대개 배의 뒤편에 위치해 있다. 조타실엔 선장을 포함해 몇 사람의 항해사가 교대로 근무하며, 중앙에 조타륜(Steering Wheel)이 있고, 회전나침반(Gyro-compass), 레이더, GPS 스크린, 전자해도, 무선통신 등의 중요 장비가 있다.

배의 와이퍼는 빗방울을 닦기도 하지만, 그것보다는 파도가 뱃전에 부딪혀서 조타실 창문으로 튀는 바닷물을 주로 닦는다. 큰 선박은 조타실의 유리 창문도 여러 개로 나뉘어 있어 창문마다 와이퍼가 있다.

해양 환경은 짙은 안개, 많은 강우량과 폭설, 거센 파도의 파편이 늘 창문까지 튀기 때문에 선명한 시야 확보를 위해서는 와이퍼보다 더 강력한 '선회창(CVS : Clear View Screen)'을 장착해 사용한다.

선회창이란 선박의 앞창문에 설치하여 고속으로 회전하며 그 원심력으로 물기나 이물질을 제거하는 원형 장치이다. 구멍을 낸 유리창에 설치되는 것이 기본적이나, 유리창 위에 추가로 설치되기도 한다.

제설용 기관차에도 선회창을 설치해 사용하지만, 최근엔 자율주행 자동차에도 선회창을 장착하고 있다.

비행기에도 조종사와 부조종사의 앞창에 각각 한 개씩의 와이퍼가 있다. 구름 위로 고공을 나는 비행기에 왜 와이퍼가 있을까? 궁금하지만, 구름층 속을 통과하거나 구름 아래에 빗속을 비행할 때는 시야가 가리니 와이퍼 사용이 필수적이다. (물론 레이더 신호도 살피지만)

자동차는 두 개의 와이퍼가 한 시스템에 의해 좌우로 동일하게 움직이지만, 비행기의 경우는 와이퍼가 각각 독립적으로 움직이는 것이 다르다. 그 이유는 조종사와 부조종사의 조종 시스템의 '독립성' 때문이다. 사실 조종사와 부조종사는 식사 메뉴도 다르다. 자칫 음식에 문제가 있을 경우, 둘이 함께 식중독이라도 일으키면 큰 위험에 빠지기 때문이다.

비 오는 날 운전을 하면서 문득 사람의 마음에도 와이퍼가 있으면 좋겠다는 생각이 들었다. 가슴 아픈 기억들, 잊고 싶은 추억들, 미워하는 생각 등 나쁜 기억들을 닦아 낼 수 있지 않을까?

— 미주조선일보 LA판, 2024. 3. 13

브레이크가 없는 배, 어떻게 정지할까

 망망대해 넓은 바다가 점점 좁아지는 느낌이다. 지구촌 3대양 바다를 왕래하는 선박 수도 셀 수 없을 정도로 증가했지만, 선박 자체의 크기와 무게 또한 상상을 초월할 정도로 비대해졌기 때문이다. 그래서인지 선박 충돌사고가 여기저기서 왕왕 발생하고 있다.

사실 배는 그 수명이 다할 때까지 거센 파도와 충돌하며 떠다니는 것이 숙명이다.

해운 역사에서 결코 잊을 수 없는 충돌사고는 1912년 4월 대서양에서 발생한 타이타닉Titanic호의 참사다.

길이 270m, 무게 46,000톤의 최신 최대 호화여객선이 영국에서 뉴욕으로 항해 중 거대한 유빙流氷과 충돌해 침몰한 사고였으며 1,500여 명이 희생되었다. 영국의 '화이트 스타' 해운사는 타이타닉의 탄생과 처녀항해(Maiden Voyage)를 알리면서 '하나님도 이 배는 침몰시킬 수 없다(God himself could not sink this ship).'라는 광고로 승객을 모집했다.

2014년 4월 한국의 서해상에서 발생한 세월호 사고는 충돌사고가 아니라, 선체의 허용 중량보다 훨씬 초과한 과적過積 상태로 과속항해 중에 급변침(조타 미숙)으로 중심을 잃어 선체가 전복한 사고였다. 전복된 후 침몰 때까지 시간적 여유가 있었으나 구조 대책과 구조 장비의 미흡으로 인명 피해가 늘어났다.

지난 3월 26일 새벽엔 볼티모어Baltimore항에서 대형 컨테이너선이 다리 교각을 들이받은 충돌사고가 있었다. 이 사고로 길이 2.6km 아치형 트러스교橋인 '프랜시스 스콧 키 브리지' 중심부가 붕괴되었다. 당분간 항구 입구의 일부가 차단되고, 다리 위의 자동차 통행도 중단되게 되었다. 충돌사고 당시 다리 위에서 도로 작업 중이던 인부 8명이 추락했으며, 6명이 실종되었다.

볼티모어항은 메릴랜드주의 천연항으로, 미국의 수도 워싱턴 DC에서 50km 정도밖에 떨어지지 않은 수도권의 대도시다. 대서양으로 유럽을 잇는 주요 수출입항으로 연간 5,200만 톤의 화물을 처리하는 미 동부의 관문이기도 하다. 특히 미국의 최대 자동차 수출입 항구로 매년 약 85만 대가 이곳을 통과한다.

'프랜시스 스콧 키Francis Scott Key(1779-1843)'는 미국 조지타운 출신의 변호사이며, 시인으로서 미국의 국가國歌인 「The Sta-Spangled

현대인들의 삶은 참 바쁘다. 만나는 사람마다 인사가 '요즘도 많이 바쁘세요?'이다. 물론 바쁘게 사는 것이 나쁜 것은 아니지만, 삶이 바쁘다 보면 정말 소중한 것을 잃어버리거나 간과하기 쉽고, 인간관계에서 자칫 충돌할 수도 있기 때문이다. 가끔씩은 나 자신을 멈춰 세우고, 나와 내 주변을 돌아보며 마음의 여백, 삶의 여유를 가져 보면 어떨까.

Banner(별이 빛나는 깃발)」의 노랫말을 쓴 시인이다. 1977년 이 다리를 개통하면서 프랜시스 스콧 키 시인을 기념하기 위해 그의 이름을 다리에 붙였다.

미국 국가의 가사 배경인 '맥헨리 요새'가 바로 볼티모어에 있으며, 1814년 미·영 전쟁 당시 프랜시스 스콧 키가 맥헨리 요새 위에 펄럭이던 성조기에서 영감을 얻어 쓴 시가 국가의 가사가 된 것이다.

다리 이름이 길어서 보통 '키 브리지'로 불리는 이 다리는 볼티모어 퍼탭스코강 하류를 가로질러 볼티모어항 외곽을 연결하는 4차선 대교이며, 하루 평균 3만 대 이상의 차량이 통행하는 다리이다.

사고 선박 '달리DALI호'는 볼티모어 내항에서 출항한 지 45분 만에 선박의 전력 고장으로 동력을 잃고 밀려가다 '키 브리지'와 충돌한 것이다. 이 배는 9,962TEU급으로 2015년 현대중공업이 건조해 싱가포르 선주회사 '시너지 마린 그룹(Synergy Marine Group)'에 인도되었다. 현재 세계 최대 선사인 머스크 라인(Maersk Line, 덴마크)이 용선하여 사용 중이었다.

불행 중 다행이었던 것은 '달리호'가 동력을 잃자 바로 'Mayday Call(긴급조난신호)'을 보냈기 때문에 다리 양쪽 입구에서 차량 진입을 차단했고, 통과 중이던 차량도 긴급 대피를 시켜 더 큰 참사를 막았다.

바퀴로 다니는 교통수단에는 브레이크가 있어 급정지가 가능하지만, 배에는 불행히도 급정거를 할 수 있는 제동장치가 없다.

그렇다면 배는 충돌을 피하기 위해 어떤 조치를 취할까?

첫 번째는 엔진을 조종해 스크류Screw를 역회전시키는 방법이다. 주행 중인 자동차가 기어Gear를 후진(R)으로 넣는 방식이다.

엔진을 역회전시켜도 선박은 크기와 무게의 관성 때문에 바로 정지하지는 못한다. 상당한 거리를 진행한 후에야 멈추게 된다. 따라서 선장은 자기 배의 엔진 역회전 시에 정지거리(Braking Distance)를 미리 알고 있어야 한다.

통상 선박의 정지거리는 배 길이의 10배에서 15배에 이르므로, 길이 200m의 선박은 장애물을 발견하고 정지명령에 따라 역회전시켜도 2~3㎞를 진행한 후에야 정지하게 된다. 만약 선박 앞에 장애물이 있는 경우, 최선의 방법은 방향을 바꾸면서 역회전하는 것이다. 방향을 바꾸어도 통상 배 길이의 5배 정도로 밀려가면서 방향이 틀어진다. 물론 운항 중인 속력에 따라 다소 차이는 발생한다. 선장은 적어도 1~2㎞ 전방을 관측하면서 항해를 진행해야 한다.

두 번째 정지 조치는 선수船首에 있는 닻Anchor을 내려 해저 바닥에 박히게 해서 정지시키는 방법이다. 사실 이 정지 방법은 일반 선박은 거의 사용하지 않으며, 군함들은 비상시에 사용한다. 배의 무게로 인해 닻줄이 끊어지거나 선수에 큰 손상을 입힐 수 있기 때문이다.

인생이라는 항해에도 '멈출 것인가 계속 나아갈 것인가'를 두고 속도를 조절해야 할 때가 있다.

현대인들의 삶은 참 바쁘다. 만나는 사람마다 인사가 '요즘도 많이 바쁘세요?'이다.

물론 바쁘게 사는 것이 나쁜 것은 아니지만, 삶이 바쁘다 보면 정말 소중한 것을 잃어버리거나 간과하기 쉽고, 인간관계에서 자칫 충돌할 수도 있기 때문이다.

가끔씩은 나 자신을 멈춰 세우고, 나와 내 주변을 돌아보며 마음의 여백, 삶의 여유를 가져 보면 어떨까.

— 미주조선일보 LA판, 2024. 4. 17

북으로 가는 뱃길부터 복원했으면

제21기 '민주평화통일자문회의(미주지역)'가 9월 9일부터 3박4일 간 서울에서 열렸다.

마지막 날은 강화도 최북단에 자리한 평화전망대에 다녀왔다. 북녘 땅이 보이는 언덕 위에 현대식 건축물을 세웠고, 그 입구에는 '강화 제적봉 평화전망대'라고 씌어 있었다. '제적봉制敵峰'은 우리의 해병 제2사단이 강화섬을 지키면서 '적을 제압한다'는 의미로 명명했다고 한다.

평화전망대의 바로 아래는 바다라고는 하지만, 마치 남과 북 사이를 흐르는 넓은 강처럼 보였다. 한반도의 중서부 내륙을 관통하는 한강과 임진강이 합치고, 북쪽에서 내려오는 예성강禮成江이 합류하는 강화만이다.

예성강은 개성시를 스쳐 남쪽으로 흐르는 강으로, 고려가 송나라와 무역을 하던 뱃길이였다. 송나라의 사신들이 내왕할 때, 예절을 갖추어 영접하고 배웅했다고 해서 '예성강'이라 부르게 되었다.

이들 세 강이 만나 큰물을 이루어 서해(강화만)로 흘러 들어가는 이 강을 '조강(祖江)'이라 부른다. 즉 '할아버지 강'이라는 뜻이다.

이 조강의 물줄기가 결국 강화군 양서면과 북한의 황해도 개풍군 사이를 흐르며 남과 북을 갈라놓은 셈이다.

고려와 조선시대엔 중국의 무역선이 황해를 건너 조강으로 들어와 예성강으로 올라가면 개성(개경)에 이르고, 한강으로 동진하면 한양(서울)으로 가는 뱃길이었다.

6·25전쟁 전까지만 해도 이 조강엔 소금과 새우젓을 실은 배가 북으로 올라가고, 북에서는 인삼과 모시, 도자기 등을 실은 배가 남으로 내려오던 남북 간의 무역 통로였다. 아직도 강변에는 나루터 유적들이 많이 남아 있다.

우리 선조들은 그 옛날 자연이 만들어 준 뱃길을 따라 내국 간, 또는 외국 간에 무역거래를 하면서 상호 필요를 나누고 교환하며 살았다. 오늘을 사는 우리는 아까운 뱃길을 두고도 서로 왕래도 못 하고 빤히 바라만 보면서 사는 가슴앓이를 하고 있다.

전망대 3층에 설치된 망원경을 당겨 북녘을 바라보니 예성강 왼편으론 연백평야가 펼쳐져 있고, 오른편엔 개풍평야가 펼쳐진 그 뒤로 송악산이 어렴풋이 눈에 들어온다. 연백평야와 개풍평야는 북한의 주요 곡창지대로서 쌀 생산은 북한 전체 쌀경작의 거의 절반을 차지하며, 특히 연백의 쌀은 품질과 맛이 북한에서 가장 뛰어나다는 평가를 받고 있다고 한다.

  이날은 기상이 좋아서 농부들이 농가에서 추수를 준비하는 모습까지 볼 수 있었다.

  농가의 집들은 단층으로 일렬로 나란히 배치되어 있어서 닭장식 주택처럼 보였다. 예전엔 없었던 빨간색 지붕 집들이 최근에 지어져, 마을이 새로 생기고 새 이주민들이 온 것 같다고 안내자는 설명했다. 특이한 것은 전봇대가 전혀 보이지 않고, 밤엔 북녘땅이 깜깜한 것이 특징이라고 한다.

  통일전망대에서 마주 보이는 북한 땅까지의 바다 거리는 불과 2.3km, 개성까지는 20km라고 한다. 웬만큼 수영에 자신있는 사람은 건너올 수 있는 거리로 보인다. 해수면이 낮아지는 썰물일 때는 거리가 더 단축될 것이다.

  통일전망대 1층엔 '통일염원소'가 마련되어 있었다. 전망대를 찾아온 방문객들이 각자의 염원이나 기원을 작은 메모지에 기록해서 붙여 놓은 종이들이 덕지덕지 빈틈이 없을 정도로 빼곡하게 달려 있었다.

  그렇다. 통일은 우리 민족의 염원이다! 다닥다닥 붙어 있는 수많은 쪽지들이 이를 증명하고 있었다.

  통일은 해도, 안 해도 되는 것이 아니라 단절된 민족혼의 연결이자 국토의 연결, 경제·문화의 통합이기에 반드시 성취해야 하는 민족의 과제이다.

  얼마 전 북한 김정은은 '남북 관계에 통일이라는 건 없다. 적대적인 두 국가만 존재할 뿐'이라며 통일을 포기하겠다는 폭탄선언을 해서 통일전망대 1층엔 '통일염원소'가 마련되어 있었다. 전망대를 찾아온 방문객들이 각자의 염원이나 기원을 작은 메모지에 기록해서 붙여 놓은 종이들이 덕지덕지 빈틈이 없을 정도로 빼곡하게 달려 있었다. 그렇다. 통일은 우리 민족의 염원이다!. 다닥다닥 붙어 있는 수많은 쪽지들이 이를 증명하고 있었다.

놀랐다. 불과 몇 년 전, 평양 능라도에서 '70년간의 적대관계를 청산하고, 하나가 되는 평화의 큰 걸음을 내딛자'며 두 정상이 손을 맞잡고 군중들과 함께 외쳤었는데….

북한은 군사력이든 경제력이든 모든 국력에서 남한과의 경쟁 자체가 불가능한 상황에 이르자 '통일 포기' 결단을 내린 것 같다고 북한연구가들은 분석하고 있다.

"대한민국은 통일을 지향하며, 자유민주적 기본질서에 입각한 평화적 통일정책을 수립하고 이를 추진한다."

우리의 헌법 제4조에 명시된 법조문이다.

지난 8·15 광복절을 맞아 윤 대통령은 역대 정부에서 밝힌 통일방안과 다른 새로운 통일구상으로, 현실에서 실천해 나갈 수 있는 '8·15 통일 독트린'을 제시했다.

3대 통일 비전과 추진 전략. 7대 실천 방안을 담은 통일로 가는, 통일국가의 확고한 의지를 표현했다.

요즘 북한을 이탈해 남한으로 넘어오는 북한 주민들은 대부분 20대 초반의 청년들이라고 한다. SNS에 익숙한 젊은 세대들이 K-Pop, K-Drama, K-Wealth 등을 보고 남한을 동경하며 '심정적 통일'을 고민하다가 북한 이탈을 결행하는 사건이 빈번하다는 것이다.

독일의 통일 전, 동독의 대학생들이 자국을 이탈해 서독으로 물밀듯이 밀입국해 왔던 실례實例가 떠오른다.

여의도(서울)에서 능라도(평양)까지 뱃길이 하루속히 복원되기를 기원해 본다. 그 뱃길을 통해 북한 주민들의 필요를 보내 줄 수도 있지 않을까?

— 미주조선일보 LA판, 2024. 9. 25

우리가 쫓는 러스티는 무엇일까
― 사라진 열정, 무뎌진 삶을 갈고닦다 ―

초판 1쇄 발행 | 2025년 5월 10일

지은이 | 이보영
발행인 | 장문정
발행처 | 문예바다
    등록번호 | 105-03-77241
    주소 | 서울 종로구 삼일대로 30길 21(종로오피스텔) 611호
    전화 | 02-744-2208
    메일 | qmyes@naver.com

ⓒ 이보영, 2025. Printed in Seoul, Korea
ISBN 979-11-6115-273-8 (03810)

*이 책의 저작권은 지은이와 출판사에 있습니다.
*양측의 서면 동의 없는 무단복제를 금합니다.